Soziologie in Argentinien

Juan Pedro Blois

Soziologie in Argentinien

Juan Pedro Blois
National Scientific and Technical Research Council
(CONICET) - National University of General Sarmiento (UNGS)
Buenos Aires, Argentina

ISBN 978-3-031-16251-0   ISBN 978-3-031-16252-7 (eBook)
https://doi.org/10.1007/978-3-031-16252-7

Die Deutsche Nationalbibliothek verzeichnet diese Publikation in der DeutschenNationalbibliografie; detaillierte bibliografische Daten sind im Internet über http://dnb.d-nb.de abrufbar.

Springer VS
© Der/die Herausgeber bzw. der/die Autor(en), exklusiv lizenziert an Springer Nature Switzerland AG 2023
Das Werk einschließlich aller seiner Teile ist urheberrechtlich geschützt. Jede Verwertung, die nicht ausdrücklich vom Urheberrechtsgesetz zugelassen ist, bedarf der vorherigen Zustimmung des Verlags. Das gilt insbesondere für Vervielfältigungen, Bearbeitungen, Übersetzungen, Mikroverfilmungen und die Einspeicherung und Verarbeitung in elektronischen Systemen.
Die Wiedergabe von allgemein beschreibenden Bezeichnungen, Marken, Unternehmensnamen etc. in diesem Werk bedeutet nicht, dass diese frei durch jedermann benutzt werden dürfen. Die Berechtigung zur Benutzung unterliegt, auch ohne gesonderten Hinweis hierzu, den Regeln des Markenrechts. Die Rechte des jeweiligen Zeicheninhabers sind zu beachten.
Der Verlag, die Autoren und die Herausgeber gehen davon aus, dass die Angaben und Informationen in diesem Werk zum Zeitpunkt der Veröffentlichung vollständig und korrekt sind. Weder der Verlag, noch die Autoren oder die Herausgeber übernehmen, ausdrücklich oder implizit, Gewähr für den Inhalt des Werkes, etwaige Fehler oder Äußerungen. Der Verlag bleibt im Hinblick auf geografische Zuordnungen und Gebietsbezeichnungen in veröffentlichten Karten und Institutionsadressen neutral.

Planung/Lektorat: Cori Antonia Mackrodt
Springer VS ist ein Imprint der eingetragenen Gesellschaft Springer Nature Switzerland AG und ist ein Teil von Springer Nature.
Die Anschrift der Gesellschaft ist: Gewerbestrasse 11, 6330 Cham, Switzerland

Danksagung

Ich danke insbesondere Stephen Turner für seine großzügige Aufnahme an der University of South Florida, wo das Projekt dieses Buches vor einiger Zeit konzipiert wurde. Meine Zeit in Tampa war sowohl bereichernd als auch erfreulich. Ich möchte mich auch bei Freunden und Kollegen bedanken: Mariana Gené für die gründliche Lektüre, Mariana Heredia und Ignacio Mazzola für die Diskussion einiger Teile des Manuskripts, und Belén Serred für ihre gute Laune. Mein Dank geht auch an meine Eltern und meine Familie für ihre ständige Unterstützung. Schließlich gilt mein besonderer Dank Ana Beraldo für ihre herzliche und liebevolle Begleitung, die mir alles erleichtert hat.

Inhaltsverzeichnis

1 Einführung   1

2 „Modernisierung" der Sozialwissenschaften: Gino Germani und die Soziologie als Wissenschaft (1955–1966)   21

3 Expansion, Politisierung und die Entstehung einer „nationalen Soziologie" (1966–1974)   51

4 Autoritarismus, Zensur und der Rückzug der Soziologie (1974–1983)   77

5 Wiederherstellung der Demokratie und Wiederbelebung der Soziologie (1983–1989)   103

6 Akademische Professionalisierung und die Entwicklung der Soziologie zu einem beratenden Beruf (1989 bis heute)   127

7 Abschließende Bemerkungen: Das Gespenst des Sisyphos   157

1

Einführung

Zusammenfassung Die hier vorgelegte Studie bietet einen umfassenden Überblick über die Entstehung und Entwicklung der Soziologie in Argentinien, sowohl als akademische Disziplin als auch als beratender Beruf seit den 1950er-Jahren. Die Entwicklung der Soziologie war stark von der allgemeinen politischen und wirtschaftlichen Instabilität des Landes, aber auch von Konflikten zwischen Soziologen mit sehr unterschiedlichen Ideen und ideologischen Hintergründen beeinflusst und verlief sehr unruhig. Die Instabilität war so groß, dass häufig das Bild eines „südlichen Sisyphos" beschworen wurde. Die endgültige Wiederherstellung der Demokratie Mitte der 1980er-Jahre ebnete zwar den Weg für eine kumulative Entwicklung, doch die Schwierigkeiten blieben bestehen, da die wirtschaftlichen und politischen Krisen im Lande anhielten. Doch trotz dieser unruhigen Geschichte ging die soziologische Fantasie nicht verloren. Obwohl die argentinische Soziologie weltweit nur eine Randstellung einnimmt, gilt sie als zentrale Referenz für lateinamerikanische Wissenschaftler, und viele wichtige Begriffe wie „Populismus", „soziale Marginalität" und „Abhängigkeit" werden, wenn auch nicht ausschließlich, mit einem argentinischen Namen in Verbindung gebracht.

Ein südlicher Sisyphos

Im 20. Jahrhundert erlebte Argentinien erhebliche politische Unruhen. Zwischen 1930 und 1976 kam es zu sechs Militärputschen. Folglich wechselten sich demokratische Perioden mit Militärherrschaft ab und schränkten die Demokratie auf ungeordnete Weise ein. Im Jahr 1983 wurde die Demokratie endgültig wiederhergestellt, wenn auch nicht ohne größere Krisen. In den letzten zehn Tagen des Jahres 2001 gab es in Argentinien fünf verschiedene Präsidenten, und das Land befand sich in einer tiefgreifenden Krise, die nach Ansicht vieler Beobachter an den Rand des Abgrunds führte. Während dieser ganzen Zeit gab es immer wieder große wirtschaftliche Schwierigkeiten. Inflation und Hyperinflation, Stagnation, Arbeitslosigkeit und wiederholte Zahlungsausfälle der öffentlichen Hand wechselten sich mit kurzen Phasen der Stabilität und des (manchmal rasanten) Wachstums ab. Die wirtschaftlichen Schwierigkeiten waren so groß, dass es nicht ungewöhnlich ist, dass Ökonomen in Argentinien und anderswo die dortige Wirtschaft als ein Rätsel oder Unbekanntes darstellen. Wie konnte eine Wirtschaft, die in der ersten Hälfte des 20. Jahrhunderts zu den zehn reichsten der Welt gehörte, so schlecht abschneiden, dass nach der letzten Erhebung mehr als 40 % der Bevölkerung in Einkommensarmut leben? Ein solches Ergebnis war nicht das Ergebnis von Apathie oder mangelndem Wagemut der Regierung. Die Maßnahmen waren oft extrem. Zwar folgte das Pendel den regionalen Tendenzen, aber auf eine viel radikalere Art und Weise. So war es möglich, dass Argentinien in den 1950er-Jahren der fortschrittlichste Wohlfahrtsstaat Lateinamerikas war (mit einer Einkommensverteilung, die der der Industrieländer ähnelte), in den 1970er-Jahren die grausamste Diktatur (in der mehr als 30.000 Menschen getötet wurden) und in den 1990er-Jahren eine neoliberale Wende vollzog, deren Radikalität nur mit der Schockpolitik vergleichbar ist, die auf die Krisen der kommunistischen Regime in Osteuropa folgte.

Es ist nicht verwunderlich, dass die Soziologie in Argentinien von einem solchen Wandel und einer solchen Unbeständigkeit nicht verschont geblieben ist. Ganz im Gegenteil, ihr Werdegang war sehr unruhig, einschließlich heftiger Brüche und deutlicher Neuorientierungen.

Die weltliche politische und institutionelle Instabilität wirkte sich stark auf die intellektuellen und akademischen Bereiche aus, in denen sich die Soziologen bewegten. Die aufeinanderfolgenden demokratischen und autoritären Regierungen verfolgten eine sehr unterschiedliche Bildungs- und Wissenschaftspolitik, was die Ressourcenbasis, aus der die Mitglieder der Disziplin schöpfen konnten, radikal veränderte: Die Zahl der Studenten, die Finanzierung von Forschung, Lehr- und Forschungsstellen, die Höhe der Gehälter und andere Faktoren schwankten dramatisch. Diese Instabilität wurde von heftigen Konflikten zwischen denjenigen begleitet, die versuchten, ihren Lebensunterhalt als Soziologen zu verdienen. Ständige und hitzige Debatten zwischen Fachleuten mit sehr unterschiedlichen Vorstellungen (darüber, was Soziologie sein sollte) waren an der Tagesordnung. Die Kämpfe zwischen den verschiedenen Fraktionen waren oft erbittert. Zusammengenommen führten diese Faktoren zu einer Reihe turbulenter Phasen, in denen die intellektuellen Präferenzen, die Arbeitsstile, die beruflichen Aktivitäten, die angesprochenen Öffentlichkeiten und Zielgruppen sowie die eigentliche Bedeutung der Soziologie sehr unterschiedlich waren.

In diesem Kontext hatten viele der institutionellen Einrichtungen oder Kanäle, die zur Förderung der Soziologie geschaffen wurden (Schulen, Forschungszentren, Berufsverbände, Zeitschriften usw.), nur eine kurze, sogar flüchtige Existenz, so dass häufig das Bild eines „südlichen Sisyphos" (Vessuri 1990) herangezogen wurde, um das Schicksal der argentinischen Sozialwissenschaft zu beschreiben. Für die Zeit vor 1983, in der sich Militärregierungen mit demokratischen oder halbdemokratischen Regierungen abwechselten, ist dies gewiss klar. Aber auch in den folgenden Jahren war die Situation nicht völlig anders. Obwohl die politische Stabilität eine beispiellose Routinisierung der Praktiken in Lehre und Forschung ermöglichte und die Entwicklung der Soziologie unbestreitbar an Stabilität gewann, gab es erhebliche Schwierigkeiten. In den 1980er- und 1990er-Jahren stellten Wirtschaftskrisen und häufige Haushaltskürzungen ein ernsthaftes Hindernis für diejenigen dar, die eine Karriere als Professor anstrebten. Darüber hinaus wurde die in den 2000er-Jahren begonnene erhebliche Ausweitung der öffentlichen Investitionen in Bildung und Wissenschaft, die auch eine erhebliche Stärkung der Forschungskapazitäten und eine Vervielfachung der Studien- und Graduiertenprogramme umfasste, in jüngster Zeit durch Veränderungen in der Wissenschaftspolitik bedroht, die von einer 2015 gewählten neoliberalen Regierung gefördert wurden. Die neue Regierung hat die Mittel gekürzt und versucht, der angewandten Forschung Vorrang einzuräumen. Offensichtlich hat sie auch Kampagnen in der Presse und den sozialen Medien gegen die Sozial- und Geisteswissenschaften und deren angeblich „nutzlose" Natur gefördert (Piovani 2019). Daher muss in einem solchen Kontext wie dem argentinischen eine Analyse der Institutionalisierung Hand in Hand mit ihrem Gegenstück, der De-Institutionalisierung, gehen: „das Verschwinden oder die Schwächung von Vermögenswerten oder Ressourcen, die für eine weitere Institutionalisierung notwendig sind, in Form von professionellen Arbeitsplätzen, Finanzierung, Zeitschriften, Lehrplänen, öffentlichem Ansehen" (Fleck et al. 2018, S. 15).

Doch trotz dieser unruhigen Geschichte ist die soziologische Vorstellungskraft nicht untergegangen. Obwohl die argentinische Soziologie weltweit gesehen nur eine Randposition einnimmt, wird sie einhellig als zentrale Referenz für lateinamerikanische Wissenschaftler anerkannt. Gino Germani, ein italienischer Emigrant, der seine Karriere als Soziologe in Buenos Aires machte, ist vielleicht der bekannteste. Seine Ideen und Studien zu Autoritarismus, politischen Regimen und sozialer Mobilität gelten bis heute als unverzichtbare Referenz in ihren Bereichen. Aber die Liste ist noch länger, und viele der originellsten Begriffe, die in Lateinamerika geprägt wurden, wie „Populismus", „soziale Marginalität", „Zentrum-Peripherie" und „Abhängigkeit", sind, wenn auch nicht ausschließlich, mit einem argentinischen Namen verbunden. Dennoch wurden die Möglichkeiten der Soziologen, zu forschen und neue Ideen und Konzepte zu entwickeln, mit Kollegen im Ausland zu kommunizieren, sowie ihre Fähigkeit, die lokale Gesellschaft zu beeinflussen und die Unterstützung verschiedener Öffentlichkeiten zu erhalten, durch eine solche zickzackförmige Geschichte stark beeinflusst. Vor diesem Hintergrund versucht dieses Buch, auf der Grundlage einer detaillierten historischen Untersuchung die wichtigsten Wendepunkte im Entstehungs- und Entwicklungsprozess – und die häufigen Krisen – der Soziologie in Argentinien seit Mitte des 20. Jahrhunderts zu skizzieren.

Eine Langzeit- und Beziehungsperspektive

In Übereinstimmung mit diesem schwierigen Szenario ist der größte Teil der Forschung zur Geschichte der Soziologie in Argentinien fragmentiert. In der Tat haben sich die Wissenschaftler im Allgemeinen auf eine Phase oder eine wichtige Persönlichkeit (wie Gino Germani) konzentriert, wobei sie in ihren Analysen kurze Zeiträume (von nicht mehr als fünf oder sechs Jahren) berücksichtigen und diese relativ isoliert untersuchten (d. h. die „grundlegende" Soziologie in den 1950er-Jahren, die „politisierte" Soziologie in den 1960er-Jahren usw.). Auf diese Weise hat die Wissenschaft in gewisser Weise ihre Geschichte widergespiegelt.[1] Im Gegensatz zu diesen Ansätzen verfolgt dieses Buch einen breiteren Ansatz, der darauf abzielt, die langfristige Konstitution der Soziologie in Argentinien systematisch zu untersuchen. Indem es sich auf die Brüche, aber auch auf die weniger sichtbaren – und doch allgegenwärtigen – Kontinuitäten konzentriert, schließt es eine erhebliche Lücke in den Studien über die Soziologie in Argentinien. Dank des breiteren Ansatzes versucht es, ein neues Licht auf die üblichen – und in gewisser Weise partiellen oder „segmentierten" – Interpretationen dieser Geschichte zu werfen und gleichzeitig historische Muster und Verbindungen aufzudecken, die sonst verborgen bleiben würden. In diesem Sinne will dieses Buch zeigen, wie selbst dann, wenn Soziologen scheinbar einen Neuanfang machten und frühere Erfahrungen verwarfen, das Gewicht der Vergangenheit eine aktive Kraft war, die ihre Ideen und Projekte sowie ihre materiellen Möglichkeiten zu deren Umsetzung prägte. Die Vergangenheit wurde in den institutionellen Rahmenbedingungen und den verfügbaren Ressourcen vererbt, aber auch in den Vorlieben und Einstellungen der Soziologen sowie in ihren Vorstellungen darüber, was die Soziologie sein sollte.

Die Aktivitäten in den Universitäten und Forschungszentren werden mein Hauptanliegen sein, ebenso wie die Veränderungen der intellektuellen Sorgen und Agenden im Laufe der Zeit. Die Haltung der Soziologen gegenüber den von den globalen Zentren verbreiteten Ideen in

---

[1] Teilweise Ausnahmen, die sich mit längerfristigen Darstellungen befassten, sind die kurzen Interventionen von Murmis (2005), Kreimer und Blanco (2008) und Pereyra (2010).

Bezug auf die nationalen intellektuellen Traditionen, d. h. die Dilemmata und Zwänge einer Soziologie von der Peripherie aus, werden ebenfalls behandelt, ebenso wie die wichtigsten Kontroversen über die Beziehung zwischen Soziologie und Politik, die im politisch geprägten intellektuellen Milieu Argentiniens von besonderer Bedeutung sind.

Ergänzt werden diese Themen durch eine eingehende Betrachtung des Prozesses der beruflichen Ausdifferenzierung und der Ausweitung der Aktivitäten von Soziologen außerhalb der akademischen Welt. Im Gegensatz zu den meisten gängigen Darstellungen der Geschichte der Soziologie in verschiedenen Ländern konzentriert sich das Buch nicht nur auf die Analyse der Soziologie als akademische Disziplin, sondern auch auf ihre Konstituierung als Beratungsberuf. Indem die Aufmerksamkeit auf die Soziologen gelenkt wird, die in staatlichen Behörden, privaten Unternehmen, Meinungsforschungsinstituten und Nichtregierungsorganisationen arbeiten, soll dieser Ansatz die Art und Weise aufzeigen, wie soziologisches Wissen von verschiedenen sozialen Akteuren und Institutionen legitimiert, gefordert, produziert und genutzt wird. Diese Art von postgradualen Praktiken spielen eine ebenso wichtige Rolle bei der Gestaltung der Soziologie in einer bestimmten Gesellschaft wie die akademischen Aktivitäten.

Unter Verwendung des Ansatzes von Pierre Bourdieu als „sensibilisierendem Rahmen" (Heilbron 2015) wird die Soziologie als ein sich wandelndes und dynamisches „Schlachtfeld" analysiert, in das all jene eingebunden sind, die sich zu unterschiedlichen Zeitpunkten und aus unterschiedlichen Perspektiven die Identität des „Soziologen" zugeschrieben haben.[2] Diese Akteure, ob innerhalb oder außerhalb des akademischen Bereichs, nahmen an einem Kampf um die Legitimation verschiedener Vorstellungen von der Disziplin und um die Klassifizierung verschiedener Arbeitsstile, Fähigkeiten und Kenntnisse teil. In dieser Sichtweise können die Positionen (und Positionsnahmen) einzelner Praktiker oder einer bestimmten Fraktion nicht verstanden werden,

---

[2] Die Einbeziehung von Personen, die sich selbst für „Soziologen" hielten (oder von anderen dafür gehalten wurden), ermöglicht es mir, mich mit meinem Thema zu befassen, ohne Vorannahmen darüber anzustellen, was in diesem „Spiel" verhandelt wurde: wer als legitimer Praktiker anerkannt werden sollte und wer nicht.

ohne die Positionen (und Positionierungen) der anderen zu berücksichtigen, unabhängig davon, ob es sich um tatsächliche, gleichzeitige Akteure handelt oder um frühere Orientierungen in der Disziplin, mit denen bestimmte Akteure brechen wollten. Die Auseinandersetzungen über die Grenzen der Soziologie (Gieryn 1983), über ihren Auftrag und ihr Wesen, werden von größter Bedeutung sein, da Konsens und Übereinkünfte weder umfassend noch dauerhaft waren. Da an diesen Auseinandersetzungen häufig auch einflussreiche Intellektuelle anderer Disziplinen beteiligt waren, die die Soziologie entweder validieren oder diskreditieren wollten, werde ich sie in meine Untersuchung einbeziehen.

Kontexte und Öffentlichkeiten: Das Transnationale, das Politische und der Beraterarbeitsmarkt

Natürlich war das Schlachtfeld, das wir untersuchen wollen, nicht von dem breiteren Kontext isoliert. Ganz im Gegenteil, die Orientierungen und Präferenzen der Soziologen wie auch ihre beruflichen Möglichkeiten hingen in hohem Maße von „exogenen" Faktoren ab. Diese Faktoren begünstigten einige Praktiken und Ansichten, während sie andere verhinderten oder sogar blockierten. Wir werden drei dieser Faktoren besonders berücksichtigen: (1) die internationale Entwicklung der Soziologie und die Beziehungen zu ausländischen wissenschaftlichen und philanthropischen Institutionen; (2) die Struktur und Dynamik des lokalen akademischen und Forschungssystems, das in Argentinien eng mit der allgemeinen politischen Situation verbunden war; und (3) der Arbeitsmarkt für Soziologen und die Soziologie als Beraterberuf. All diese Faktoren beeinflussten in unterschiedlicher und wechselnder Weise die materielle und symbolische Ressourcenbasis (Turner und Turner 1990), auf die Soziologen zu verschiedenen Zeitpunkten zurückgreifen konnten, und trugen somit zur Stärkung oder Schwächung der Disziplin bei.

Transnationaler Einfluss

In Argentinien, wie auch anderswo, war die Entstehung soziologischen Wissens nicht von den Prozessen der Zirkulation von Ideen und Personen über nationale Grenzen hinweg isoliert (Heilbron et al. 2008). Obwohl es zu verschiedenen Zeitpunkten Gruppierungen gab, die eine „nationale" Soziologie propagierten und sich gegen die „intellektuelle Abhängigkeit" wehrten (Alatas 2003; Beigel 2013), blieben die globalen Zentren der Disziplin eine ständige Quelle der Inspiration.[3] Die Zentren, auf die man sich konzentrierte (Frankreich, Deutschland und die Vereinigten Staaten), variierten im Laufe der Zeit entsprechend den ökologischen Verschiebungen im weltweiten akademischen System. Im Allgemeinen existierten sie jedoch nebeneinander. Darüber hinaus wurde ihr Einfluss häufig durch den starken – wenn auch instabilen – regionalen lateinamerikanischen intellektuellen Kreislauf ausgeglichen, dessen Zentren, die sich nacheinander in Chile, Mexiko und zuletzt in Brasilien befanden, die argentinischen Soziologen anzogen. Generell wurden die Verbreitung und der Austausch durch das Wirken ausländischer philanthropischer Stiftungen (amerikanischer und europäischer) begünstigt, deren Finanzierung für die Mobilität von Wissenschaftlern entscheidend war, sei es durch die Einladung ausländischer Professoren zu Lehrveranstaltungen oder die Ausbildung junger Wissenschaftler im Ausland. Da die Graduiertenprogramme erst spät eingerichtet wurden, blieb der Erwerb eines Doktortitels im Ausland bis vor kurzem ein sehr wertvolles Gut. Es ist erwähnenswert, dass die freiwillige Migration durch erzwungene Migration ergänzt wurde, da die politische Verfolgung in den 1970er-Jahren viele Wissenschaftler ins Exil trieb. Aber auch für einheimische Einrichtungen war die Finanzierung aus dem Ausland wichtig. Vor allem in der ersten Hälfte des untersuchten Zeitraums, als sich Militärregime mit demokratischen Regimen abwechselten, waren die Forschungsaktivitäten weitgehend von „harter Währung" aus dem Ausland abhängig. Wie in anderen Ländern an der Peripherie diente die Fähigkeit, den „Import" von Ideen und Finanzmitteln zu kontrollieren,

---

[3] In den Ländern der Peripherie ist die „Illusion der Autarkie" (Heilbron 2015, S. 7), von der Forscher des sogenannten globalen Nordens betroffen sein können, weniger häufig.

häufig als Quelle von Macht und intellektueller Legitimität im lokalen Umfeld. Als solche löste sie heftige Kontroversen aus, die in der Regel von denjenigen ausgingen, die von solchen Verbindungen und Ressourcen ausgeschlossen waren.

Soziologie in den politisierten Universitäten und im akademischen Bereich

Die Fähigkeit der Soziologie, als akademische Disziplin zu gedeihen, hing von der sich wandelnden Situation der lokalen akademischen und wissenschaftlichen Institutionen und der materiellen Unterstützung ab, die sie bieten konnten. Was die Forschungstätigkeiten betrifft, so gab es in dem von uns untersuchten Zeitraum eine erhebliche Verschiebung von der Abhängigkeit von ausländischen Geldern hin zur öffentlichen Finanzierung. Wenn auch unstetig, so gewannen seit Mitte der 1980er-Jahre und insbesondere seit den 2000er-Jahren staatlich geförderte Stipendien und Forschungsstellen immer mehr an Bedeutung (Snyder et al. 2013). Die Lehrtätigkeit ihrerseits wurde in den öffentlichen Einrichtungen immer stärker ausgebaut. Es gab zwar einige wichtige private Universitäten, die beschlossen, Soziologieprogramme anzubieten, aber die meisten Soziologen wurden an öffentlichen Universitäten ausgebildet, insbesondere an der Universität von Buenos Aires (UBA) (siehe unten).

In Anbetracht des letztgenannten Punktes ist es vielleicht sinnvoll, einige klärende Anmerkungen zu den besonderen Merkmalen der öffentlichen Universitäten zu machen. Nach dem Gesetz werden diese Einrichtungen vom Staat finanziert, der weder Gebühren für die Studenten erhebt noch ihre Zahl begrenzt. Trotz ihrer wirtschaftlichen Abhängigkeit vom Staat sind die Universitäten gegenüber den staatlichen Behörden autonom. Ihre Leitung wird daher von Professoren, Absolventen und Studenten gewählt, die über Vertreter in den Regierungsgremien verfügen. Diese Merkmale – offener Zugang, Selbstverwaltung und die Beteiligung der Studenten – haben den öffentlichen Universitäten eine gewisse „plebejische" und turbulente Atmosphäre verliehen. Wie sich zeigen wird, waren die Studenten nicht nur ein Publikum, sondern im

Allgemeinen ein hochgradig politisierter und aktiver kollektiver Akteur, dessen Präferenzen für das Wachstum bestimmter Fraktionen innerhalb der Soziologie und die Behinderung anderer von größter Bedeutung waren. Staatliche Eingriffe waren jedoch an öffentlichen Universitäten nicht ungewöhnlich. In der ersten Hälfte des untersuchten Zeitraums ernannten sowohl militärische als auch demokratische Regierungen Beamte zu Rektoren und Dekanen und unterdrückten so die Selbstverwaltung und die Beteiligung der Studenten. Darüber hinaus waren große Säuberungen in den Fakultäten an der Tagesordnung. Manchmal, wie während der letzten und grausamsten Diktatur (1976–1983), wurde die akademische Freiheit abgeschafft, während Gebühren und Quoten eingeführt wurden, um die Zahl der Studenten (und ihre politischen Neigungen) zu verringern. In diesem Zusammenhang waren die soziologischen Aktivitäten eines der Hauptziele, da die Behörden diese Disziplin mit den „aufständischen" Bewegungen identifizierten, die sie gewaltsam beseitigen wollten.

Diese enge Verbindung zwischen den öffentlichen Universitäten und der nationalen Politik verlieh der Soziologie und ihren verschiedenen Fraktionen – ob sie es wollten oder nicht – eine ausgeprägte ideologische Konnotation. Akademische Qualifikationen und Berufserfahrung zählten, aber da die Grenzen zwischen Politik und Soziologie zu verschwimmen drohten, wurden sie selten unabhängig von ideologischen Präferenzen geschätzt. Das lag nicht nur daran, dass die Politik häufig in die akademische Welt eindrang und Teams auflöste, während sie gleichzeitig Möglichkeiten für Außenseiter schuf, sondern auch – und das ist vielleicht noch wichtiger – daran, dass Soziologen nicht selten politische Identitäten und Präferenzen mobilisierten, um ihren „eigenen" intellektuellen Brüchen und Streitigkeiten einen Sinn zu geben. Die Politik war also nicht nur ein einfacher „Eindringling", der von „außen" kam, um die „innere" Logik eines – ansonsten autonomen – „Feldes" zu beeinflussen. Anti-akademische und politisierte Positionen waren häufige Strategien an den Universitäten (Beigel 2013), da sie zum Beispiel die Unterstützung einer so wichtigen Öffentlichkeit wie der Studierenden gewinnen konnten. Meine Analyse wird daher die wichtigsten Veränderungen der soziologischen Praktiken in diesem breiteren argentinischen sozialen und politischen Kontext darstellen. Die Erzählung wird jedoch nicht die einer Gruppe von „Wissenschaftlern" sein, die gegen alle Widerstände für die Einrichtung einer rein wissenschaftlichen Sphäre kämpfen.

Soziologie als beratender Beruf

Der dritte Faktor, der sich auf die Entwicklung der Soziologie auswirkt, sind die Beziehungen der Soziologen zu einer Vielzahl von Klienten außerhalb der akademischen Welt (staatliche Stellen, private Unternehmen und Agenturen sowie Nichtregierungsorganisationen). Die Ausweitung dieser Klientel geht auf die 1990er-Jahre zurück, als im Kontext der Globalisierung und der neoliberalen Wende die argentinische Zivilgesellschaft und die staatlichen Einrichtungen einen Prozess der „Modernisierung" durchliefen. Die Soziologen nutzten das neue Szenario und nahmen „neue" Gebiete ins Visier. Die Probleme und Themen waren vielfältig: Beschäftigung, Gesundheit, Bildung, soziale Sicherheit im Staat; Personal- und Marktforschung und Meinungsumfragen im privaten Sektor; soziale Reformen zu Themen wie Sucht, Kriminalität, Recht und Menschenrechte in der heterogenen Welt der NRO. Wie auch anderswo waren die Soziologen für diese Probleme nicht ausschließlich zuständig. Dennoch ist es ihnen gelungen, Teil der typischen Gruppe von Fachleuten zu werden, die sich mit diesen Problemen befassen. Infolgedessen ging der Nutzen der Soziologie weit über die akademische Welt hinaus, und es gab eine Vielzahl von Arbeitsplätzen für diejenigen, die keine Karriere in der Professorenschaft machen konnten – oder wollten. Unter den neuen Bedingungen neigten die Studiengänge dazu, das akademische Leben zu festigen und zu verteidigen, auch wenn es nicht immer viele akademische Arbeitsplätze gab. Diejenigen Soziologen, die außerhalb des akademischen Bereichs arbeiteten, entwickelten daher neue Bedeutungen für die Soziologie, die besser auf ihre tägliche Praxis abgestimmt waren. Im Allgemeinen taten sie dies, indem sie das kritisierten, was sie als Selbstreferenzialität und mangelnde gesellschaftliche Relevanz der Wissenschaft anprangerten.

Der Aufstieg der UBA-Schule und andere institutionelle Rahmenbedingungen

Ein großer Teil der Erzählung dieses Buches dreht sich um eine einzige – und doch zentrale – Institution: den Soziologie-Studiengang der UBA. Die Zentralität eines Undergraduate-Studiengangs ist sicherlich seltsam, wenn man andere nationale Erfahrungen berücksichtigt, wie die, die in der Reihe *„Sociology Transformed"* untersucht wurden. In der Tat gibt es in den meisten Fällen viele Schulen in verschiedenen Städten mit ähnlichem Gewicht auf dem Gebiet, und vielleicht am wichtigsten ist, dass Graduiertenprogramme ein entscheidender Faktor für das Verständnis der Soziologie sind. Außerdem gibt es oft einflussreiche Berufsverbände oder Fachgesellschaften sowie seit langem bestehende Fachzeitschriften. In Argentinien gab es natürlich auch andere wichtige institutionelle Rahmenbedingungen (auf die ich noch eingehen werde). Aber wie bereits erwähnt, waren sie oft nur von kurzer Dauer. Im Gegensatz zu Institutionen wie z. B. der American Sociological Association (ASA) oder der Brasilianischen Gesellschaft für Soziologie (SBS, portugiesisches Akronym) waren die lokalen Versuche nie in der Lage, sich als dauerhaft einflussreiche Organisationen für die gesamte Gemeinschaft der Soziologen – oder zumindest für einen großen Teil von ihnen – zu etablieren. Um die Entwicklung der Soziologie in Argentinien zu verstehen, ist es daher wichtig, den besonderen Aufstieg der UBA-Schule zu betonen.

Seit ihrer Gründung im Jahr 1957 ist diese Schule die Ausbildungsstätte mit der größten Anzahl von Studenten und die Schule, an der die meisten argentinischen Soziologen ihr Studium abgeschlossen haben. Dementsprechend hatte sie auch den größten Lehrkörper, und viele der bekanntesten Soziologen gehörten ihr an. Obwohl im Allgemeinen keine Vollzeitstellen angeboten wurden, war die Lehrtätigkeit an diesem Zentrum – und insbesondere die Erlangung eines Lehrstuhls – eine der wichtigsten (und manchmal wenigen) Möglichkeiten, sich als Soziologe einen Namen zu machen. In einem Kontext, in dem die Forschungsmittel sehr begrenzt waren, wurde die Lehre – ebenso wie die Beliebtheit bei den Studenten – für viele Soziologen sehr wichtig. Außerdem war die UBA die langlebigste Schule. Während viele andere nach und nach geschlossen wurden, gelang es diesem Studiengang, in unterschiedlichen und manchmal sehr feindseligen historischen Kontexten zu überleben.

Aber es gab noch zwei weitere, allgemeinere Faktoren, die für seinen Einfluss verantwortlich waren. Zum einen war es die Lage in Buenos Aires, der Hauptstadt. In Argentinien hat sich die intellektuelle und akademische Entwicklung trotz der föderalen Organisation immer auf die Metropolregion konzentriert (Beigel und Sorá 2019). Andererseits führte die späte Entwicklung von Graduiertenstudien in den meisten Disziplinen in Argentinien zu einer Stärkung der Bedeutung der tertiären Ebene. In diesem Zusammenhang erschienen die grundständigen Studiengänge (*licenciaturas*), die in der Regel fünf oder sechs Jahre dauerten, als die letzte Stufe der formalen Ausbildung und als diejenige, die berufliche Identität und Zuständigkeit verleiht.

Die Hervorhebung des Einflusses der UBA bedeutet natürlich nicht, dass die Schule von der allgemeinen Instabilität der soziologischen Institutionen verschont blieb. Ganz im Gegenteil: Nach den Veränderungen in der nationalen Regierung und den Eingriffen in die öffentlichen Universitäten wurde das Personal – Professoren und Dozenten – wiederholt durch andere ersetzt (1966, 1971, 1973, 1974, 1976, 1984), die über bessere Verbindungen zu den wechselnden Behörden der UBA verfügten. Unter diesen Bedingungen gab es bis zur Wiederherstellung der Demokratie in den 1980er-Jahren keine dauerhaften intellektuellen und curricularen Orientierungen, und die Zahl der Studenten schwankte erheblich. Darüber hinaus änderten sich auch die im Allgemeinen unzureichenden räumlichen Gegebenheiten, was der Schule einen „nomadischen" Charakter verlieh. Der schlechteste Standort war zweifellos der während der letzten Militärdiktatur, als die Schule unter der Aufsicht und Kontrolle von Polizei- und Militäroffizieren in den Kellern der Fakultät für Rechts- und Sozialwissenschaften untergebracht war, getrennt vom Rest der Fakultät und der Universität. Auch ihre Zugehörigkeit zu den Abteilungen der UBA änderte sich mehr als einmal: Sie wurde unter der Schirmherrschaft der Fakultät für Philosophie und Literatur gegründet, 1975 aber abgetrennt und bis 1990 isoliert gehalten, als eine neue Fakultät für Sozialwissenschaften gegründet wurde.

Dennoch gab es weitere wichtige Institutionen für die Disziplin. Einige von ihnen waren in der ersten Hälfte des untersuchten Zeitraums einflussreicher, andere in der zweiten Hälfte, ab den 1980er-Jahren. Zu den ersten gehörten die Hochschulen in privaten (und in einigen Fällen katholischen) Einrichtungen in Buenos Aires. Obwohl die Zahl der Studierenden dort viel geringer war als an der UBA, waren sie wichtige Einrichtungen, an denen Soziologen unterrichten und ihren Lebensunterhalt verdienen konnten. Außerdem gab es eine Gruppe privater Forschungsinstitute, die eine große Anzahl empirischer Studien durchführten. Im Allgemeinen wurden sie von ausländischen philanthropischen Einrichtungen finanziert. Obwohl sie keine formale Lehrtätigkeit ausübten, da sie keine Diplome verleihen durften, boten sie eine wissenschaftliche Ausbildung für junge Soziologen an, die in Ermangelung von Graduiertenprogrammen an Universitäten als Forschungsassistenten beschäftigt wurden. Sowohl die privaten Universitäten als auch die privaten Forschungsinstitute waren während der letzten Militärdiktatur (1976–1983) besonders wichtig, als sie als „Schutzräume" fungierten, in denen Soziologen lehren und forschen konnten, wenn auch unter erheblichen Schwierigkeiten. Die meisten dieser Einrichtungen bestehen auch nach der Wiederherstellung der Demokratie weiter, aber ihr Einfluss schwand mit dem Aufkommen oder der Stärkung anderer Organisationen.

Unter den Institutionen, die in der zweiten Hälfte des Jahrhunderts aufgekommen sind, ist der Nationale Rat für wissenschaftliche und technologische Forschung (CONICET) zu nennen, eine öffentliche Einrichtung, die 1958 nach dem Vorbild des *Centre National de la Recherche Scientifique* (CNRS) gegründet wurde. Wie ihr französisches Vorbild bot sie Stipendien für Hochschulabsolventen und Vollzeit-Forschungsstellen an, d. h. die Möglichkeit, in ein staatliches Angestelltenverhältnis einzutreten. Die Soziologie, wie auch die übrigen Sozial- und Geisteswissenschaften, spielte in dieser Einrichtung bis in die 1980er-Jahre hinein nur eine untergeordnete Rolle, als die Einrichtung schließlich begann, ihren Schwerpunkt auf die Natur- und „harten" Wissenschaften zu verlagern. Erst in den 2000er-Jahren wurde CONICET zu einem wichtigen Arbeitgeber für Soziologen, die eine akademische Laufbahn anstrebten. In diesen Jahren war das CONICET die zentrale Einrichtung für eine bemerkenswerte Ausweitung der argentinischen Forschungskapazitäten. Zwischen 2003 und 2015 verdreifachte sich die Zahl der Forscher von 3500 auf mehr als 9000, wobei der Anteil der Sozial- und Geisteswissenschaften deutlich zunahm und ein Fünftel des Gesamtbestands an Forschern ausmachte (Beigel und Sorá 2019).

Die Universitäten waren von diesem Wachstum nicht ausgenommen, und es wurden neue Studiengänge für Soziologie eingerichtet oder wiedereröffnet, nachdem sie während des letzten Militärregimes geschlossen worden waren. Die meisten dieser Studiengänge wurden an öffentlichen Universitäten eingerichtet, während einige wenige an privaten Universitäten angesiedelt waren. Im Jahr 1983 gab es nur noch drei, heute sind es neunzehn (Pereyra 2017). Darüber hinaus kam es zu einer beeindruckenden Ausweitung der Graduiertenstudien in diesem Bereich. In den 1990er-Jahren wurden Masterstudiengänge eingerichtet, gefolgt von Promotionsstudiengängen im nächsten Jahrzehnt. Ihr Wachstum wurde durch die Aufstockung der CONICET-Promotionsstipendien gefördert, die eine große Menge an Ressourcen in die neuen Programme lenkten (Beigel und Sorá 2019). Wie zu erwarten war, haben die Expansion und Diversifizierung der in der soziologischen Lehre und Forschung tätigen Einrichtungen in letzter Zeit dazu geführt, dass die traditionelle zentrale Stellung der UBA-Studiengänge und ihre große Bedeutung für die Ausbildung der neuen Generationen an Bedeutung verloren haben. Diese Organisation hat jedoch nicht ihren gesamten Einfluss eingebüßt, da sie weiterhin die Schule mit den meisten Studenten und Mitarbeitern ist, auch wenn andere Organisationen immer mehr an Bedeutung gewonnen haben.[4]

---

[4] Während im Jahr 2001 fast 70 % der Gesamteinschreibungen des Landes auf das UBA-Programm entfielen (rund 7300 Studierende), sank der Anteil 2017 auf 45 % (rund 8000). Bei einer stagnierenden Bevölkerung bedeutete dieser Prozess einen großen Verlust an UBA-Studierenden. Da viele der neuen Studiengänge gerade erst beginnen, Absolventen hervorzubringen, hat sich die Position der UBA in diesem Bereich dennoch nicht verändert: Zwischen 70 und 75 % der neuen Soziologen werden an dieser Einrichtung ausgebildet. Quelle: http://estadisticasuniversitarias.me.gov.ar/#/home.

Periodisierung und Quellen

Obwohl auf frühere Entwicklungen in der Soziologie und die so genannte essayistische Tradition Bezug genommen wird, liegt der Schwerpunkt dieses Buches auf der Untersuchung des in den 1950er-Jahren begonnenen Erneuerungs- und Erweiterungsprozesses. Diese Entscheidung ist weder originell noch frei von Kontroversen. In vielen Geschichtsbüchern wird dieser Zeitpunkt als „grundlegend" dargestellt. In einigen Fällen sind diese Darstellungen nicht unvoreingenommen: Die Vernachlässigung früherer Entwicklungen in der Disziplin war ein Mittel, um die Bedeutung der Erneuerungsbewegung hervorzuheben, an der viele derjenigen, die diese Studien schrieben, aktiv beteiligt waren.[5] Wie in neueren Studien hervorgehoben wurde, gab es in der Tat einige wichtige institutionelle Fortschritte: Soziologie wurde als Nebenfach in der Ausbildung von Juristen, Philosophen und Historikern gelehrt, und es wurde (wenn auch nur in begrenztem Umfang) empirische Forschung betrieben. Doch trotz dieses Hintergrunds blieb die Soziologie sowohl in der akademischen als auch in der allgemeinen öffentlichen Sphäre ein recht marginales intellektuelles Unterfangen.

In diesem Zusammenhang waren die Einrichtung der ersten Studiengänge in den 1950er-Jahren und die Einführung einer beispiellosen empirischen Forschungsagenda ein Wendepunkt in der Geschichte des Fachs, der den Eintritt der argentinischen Soziologie in die Welle der globalen Veränderungen in den Sozialwissenschaften nach dem Ende des Zweiten Weltkriegs signalisierte. Erstens führten diese Prozesse zur Anerkennung der vollen akademischen Staatsbürgerschaft der Soziologie, nun als autonome Disziplin. Von diesem Zeitpunkt an zielte die Lehre der Soziologie auf die Ausbildung von Studenten ab, die die Soziologie zu ihrem Hauptberuf machen sollten. Zweitens änderte die Einführung offizieller Diplome die Muster der Rekrutierung, der Ausbildung und der Mitgliedschaft in der Disziplin. Soziologie sollte nicht mehr als ein „Neben" – manchmal sogar als Nebenbeschäftigung – in kleinen und unauffälligen Kreisen von „Eingeweihten" unterrichtet werden. Drittens

---

[5] Für eine eingehende Analyse der instrumentellen Nutzung der Geschichte der Disziplin durch argentinische Soziologen siehe Blois (2009).

legte das Bestehen einer *Licenciatura* den Grundstein für eine neue – und viel größere – Berufsgemeinschaft mit Auswirkungen auf die akademische und außerakademische Welt. Darüber hinaus führte die Ausweitung der Lehr- und Forschungsmöglichkeiten zu einem beispiellosen Anstieg der Beschäftigungsmöglichkeiten. Bis zu diesem Zeitpunkt waren die für die Lehre verantwortlichen Personen Teilzeit-Soziologen, die ihren Lebensunterhalt größtenteils mit fachfremden Tätigkeiten verdienten – im Allgemeinen als Rechtsanwälte und Beamte (Giorgi und Vila 2019). Schließlich kam die Soziologie in Mode, wodurch sich die materiellen und symbolischen Ressourcen für die Disziplin vervielfachten: Die Presse interessierte sich für die „neue Wissenschaft", und einige Bücher wurden zu Bestsellern.

Dieses Buch basiert teilweise auf einer früheren Arbeit über die historische Entstehung und Entwicklung der Soziologie in Argentinien (Blois 2018). Neben sekundären Quellen wie autobiografischen Berichten von Soziologen und quantitativen Daten (zu Studierenden, Absolventen und Fakultäten an verschiedenen Universitäten sowie zu Forschungsmitarbeitern des CONICET) stützt sich meine Forschung auf Informationen aus erster Hand, bestehend aus Archivmaterial und ausführlichen Interviews. Zu den Archivmaterialien gehören Dokumente von Soziologieschulen – mit besonderem Schwerpunkt auf dem Programm der UBA – wie Lehrmaterialien, Lehrpläne, Kurspläne, Protokolle der Schul- und Fakultätsbehörden, Lebensläufe der Mitarbeiter, studentische Publikationen (Zeitschriften, Flugblätter, Broschüren) sowie die wichtigsten soziologischen Zeitschriften und kulturpolitische Publikationen mit Bezug zum Fach. Die allgemeine Presse wurde ebenfalls untersucht, um die öffentliche Sichtbarkeit der Soziologen zu analysieren. Die Interviews wurden mit Soziologen verschiedener Generationen und mit unterschiedlichen Hintergründen, intellektuellen Referenzen und beruflichen Aktivitäten (einige im akademischen Bereich, andere außerhalb der Professorenschaft) geführt. Das Buch ist chronologisch geordnet. In Anbetracht der engen Verbindung zwischen der nationalen Politik und den soziologischen Aktivitäten wurden einige der Intervalle von den Regierungswechseln eingerahmt. Die Logik und die Dynamik der Situation der Soziologie selbst liefern jedoch die Grundlage für die Struktur der Kapitel.

Literatur

Alatas, Syed Farid. 2003. Academic dependency and the global division of labour in the social sciences. *Current Sociology* 51(6): 599–613. https://doi.org/10.1177/00113921030516003.

Beigel, Fernanda. 2013. Introduction: The politics of academic autonomy in Latin America. In *The Politics of Academic Autonomy in Latin America*. Farnham: Ashgate.

Beigel, Fernanda, und Gustavo Sorá. 2019. Ardous institutionalization in Argentina's SSH: Expansion, asymmetries and segmented circuits of recognition. In *Shaping human science disciplines. Institutional developments in Europe and beyond*, Hrsg. Christian Fleck, Matthias Duller und Victor Karády. Basingstoke: Palgrave Macmillan.

Blois, Juan Pedro. 2009. Interpretaciones enfrentadas de la historia de la sociología en Argentina. Las lecturas del pasado como disputas del presente. *Argumentos. Revista de Crítica Social* 10:1–29.

———. 2018. *Medio siglo de sociología en la Argentina, Ciencia, profesión y política (1957–2007)*. Buenos Aires: Eudeba.

Fleck, Christian, Matthias Duller, und Victor Karády. 2018. Introduction: Shaping disciplines-recent institutional developments in the social sciences and humanities in Europe and beyond. In *Shaping human science disciplines. Institutional developments in Europe and beyond*, Hrsg. Christian Fleck, Matthias Duller, und Victor Karády. Basingstoke: Palgrave Macmillan.

Gieryn, Thomas F. 1983. Boundary-work and the demarcation of science from non-science: Strains and interests in professional ideologies of scientists. *American Sociological Review* 48(6): 781. https://doi.org/10.2307/2095325.

Giorgi, Guido, und Esteban Vila. 2019. Un caso desafiante de profesionalización: Las redes de la sociología argentina entre 1940 y 1955. *Revista Temas Sociológicos*. 25(December): 125–155. https://doi.org/10.29344/07196458.25.2166.

Heilbron, Johan. 2015. *French sociology*. Ithaca: Cornell University Press.

Heilbron, Johan, Nicolas Guilhot, und Laurent Jeanpierre. 2008. Toward a transnational history of the social sciences. *Journal of the History of the Behavioral Sciences* 44(2): 146–160. https://doi.org/10.1002/jhbs.20302.

Kreimer, Pablo, und Alejandro Blanco. 2008. Sociologie et Démocratie? Un Panorama de la Discipline en Argentine entre 1983 et 2007. *Sociologies Pratiques* 16(1): 147–161. https://doi.org/10.3917/sopr.016.0147.

Murmis, Miguel. 2005. Sociology, political science and anthropology: Institutionalization, professionalization and internationalization in Argentina. *Social Science Information* 44(2–3): 227–282. https://doi.org/10.1177/0539018405053290.

Pereyra, Diego. 2010. Dilemmas, challenges and uncertain boundaries of Argentinean sociology. In *The ISA Handbook of Diverse Sociological Traditions*. London: Sage.

———. 2017. Notas sobre la crisis de la sociología argentina. Formación y desarrollo profesional en cuestión. *Entramados y Perspectivas* 7:96–129.

Piovani, Juan Ignacio. 2019. Sobre la utilidad de las ciencias sociales en tiempos de neoliberalismo y posverdad. In *La política científica en disputa: diagnósticos y propuestas frente a su reorientación regresiva*, Hrsg. F. Brugaleta, M. Canosa González, M. Starcenbaum und N. Welshinger, 115–133. La Plata: UNLP-CLACSO.

Snyder, Richard, Angélica Durán-Martínez, María Angélica Bautista, und Jazmín Sierra. 2013. Producing knowledge in the global South: The political economy of social science in Argentina, Colombia, and Peru. *SSRN Electronic Journal*. https://doi.org/10.2139/ssrn.2327889.

Turner, Stephen, und Jonathan Turner. 1990. *The impossible science: An institutional analysis of American sociology*. Newbury Park: Sage.

Vessuri, Hebe. 1990. El Sísifo sureño: las ciencias sociales en la Argentina. *Quipu* 7(2): 149–185.

2

"Modernisierung" der Sozialwissenschaften: Gino Germani und die Soziologie als Wissenschaft (1955–1966)

Zusammenfassung Eine radikale Erneuerung der Soziologie begann Mitte der 1950er-Jahre, als an der Universität von Buenos Aires (UBA) die erste soziologische Abteilung gegründet wurde. Die von Gino Germani geleitete Bewegung legte eine beispiellose Forschungsagenda vor, förderte die angewandte Soziologie und führte die Disziplin in die Aufklärung aktueller sozialer Fragen und Trends. Germani und seine Mitarbeiter, die zumeist von ausländischen Stiftungen finanziert wurden und sich an der neuesten US-amerikanischen Soziologie orientierten, verachteten die bisherige Wissenschaft, wie sie von der so genannten *sociología de cátedra*, aber auch von den nationalen Essayisten, der wichtigsten lokalen intellektuellen Tradition, vertreten wurde. In ihren Augen waren diese Orientierungen nicht „wissenschaftlich". Die Fortschritte waren erstaunlich, und die Soziologie kam in Mode. Schwierigkeiten traten jedoch auf, als die Studenten, deren Einschreibungszahlen in die Höhe schnellten, die „wissenschaftliche Soziologie" abzulehnen begannen und sich für eine Lobbyarbeit und einen stärker politisierten Ansatz einsetzten. Eine öffentliche Massenuniversität wie die UBA, die keine Quoten festlegte und die Studentenbewegung mit einem großen Anteil an Macht ausstattete, erwies sich als nicht offen für die Hauptideen von Germani.

Soziologische Lehr- und (begrenzte) Forschungsaktivitäten seit den 1900er-Jahren

Die Soziologie in Argentinien wurde nicht erst in der zweiten Hälfte der 1950er-Jahre ins Leben gerufen. Der erste Lehrstuhl für Soziologie in Argentinien wurde 1898 an der Fakultät für Philosophie und Literatur (FFyL) der Universität von Buenos Aires (UBA) eingerichtet. Diese Initiative, die Teil einer allgemeineren Bewegung in Lateinamerika war (Garreton et al. 2005), wurde später von anderen Fakultäten und Universitäten im Landesinneren übernommen. Soziologie wurde als Hilfsfach in der Ausbildung von Juristen, Philosophen und Historikern gelehrt. Im Allgemeinen waren die Professoren juristisch ausgebildete Intellektuelle, die sich für die Human- und Sozialwissenschaften interessierten und sich intensiv mit der aktuellen europäischen und amerikanischen Sozialwissenschaft beschäftigten. Ihr Unterricht umfasste Themen wie die Geschichte der Disziplin, die Begründung ihrer Autonomie gegenüber anderen Disziplinen, ihren Status gegenüber der Philosophie und der Wissenschaft sowie die wichtigsten Theorien der Gegenwart (Pereyra 2008). Einige dieser Intellektuellen, wie Juan Agustin García (1862–1923) und Ernesto Quesada (1858–1934), verfassten wichtige historische Werke über die Kolonialzeit und das 19. Jahrhundert auf der Grundlage von Dokumenten (Altamirano 2004).

In der akademischen Welt entwickelte sich die empirische Forschung zu aktuellen Themen langsamer. Zwar machten einige wichtige Professoren auf die Notwendigkeit aufmerksam, empirische Untersuchungen durch Statistiken und Beobachtungen zu fördern, doch engagierten sie sich nicht persönlich für eine solche Agenda (Blanco 2006). In den ersten Jahrzehnten des 20. Jahrhunderts wurde die empirische Forschung zu aktuellen sozialen Trends in Argentinien, wie in vielen anderen Ländern auch, von staatlichen Stellen durchgeführt (die sich mit Arbeits- und Gesundheitsproblemen befassten) und war im Allgemeinen von der akademischen Soziologie abgekoppelt.

Diese Situation begann sich in den 1940er-Jahren zu ändern, als einige Forschungsinstitute an Universitäten gegründet wurden. Ricardo Levene (1885–1959), ein weithin anerkannter Historiker, war der Leiter des Instituts an der UBA. Obwohl er seit 1924, als er zum Lehrstuhlinhaber ernannt wurde, Soziologie lehrte, lag sein Forschungsschwerpunkt auf dem Gebiet der Geschichte. Dennoch war er ein begeisterter Förderer soziologischer Aktivitäten. Unter seiner Leitung war das Institut bestrebt, die im ganzen Land an den verschiedenen Lehrstühlen entwickelten soziologischen Arbeiten zu bündeln. Er förderte auch die internationalen Beziehungen zu Kollegen aus Lateinamerika und den Vereinigten Staaten, vor allem durch Korrespondenz (Morales Martín 2013). Vielleicht noch wichtiger ist, dass die erste soziologische Zeitschrift, der *Boletín del Instituto de Sociología*, herausgegeben wurde. Mit dieser Zeitschrift wurde ein reger Austausch mit ausländischen Publikationen betrieben, was dazu führte, dass viele führende Zeitschriften (wie das *American Journal of Sociology* und die *American Sociological Review*) an das Institut kamen. Die Diskussionsthemen des Instituts umfassten die traditionellen Themen des Unterrichts, aber auch – und das war die Neuheit – die Zusammenstellung, Produktion und Analyse quantitativer Informationen (González Bollo 1999), wenn auch in begrenztem Umfang, da die Ressourcen sehr knapp waren (Janos 1963).

Levene war der Ansicht, dass die empirische Forschung, die üblicherweise als „Soziografie" bezeichnet wurde, mit der Abkehr von der Laissez-faire-Politik infolge der Großen Depression immer wichtiger wurde. Folglich forderte er die Durchführung einer neuen Volkszählung – die letzte war mehr als dreißig Jahre her – und schaffte es, dem Institut einen, wenn auch bescheidenen, Platz bei deren Vorbereitung zu verschaffen (Blanco 2006). Obwohl er in seiner Lehre die französische Bibliografie bevorzugte, war sich Levene der internationalen Verschiebung der Disziplin hin zur amerikanischen Soziologie, an die er einige Studenten heranführte, durchaus bewusst. Gino Germani (1911–1979), damals unbezahlter Assistent am Institut, begeisterte sich besonders für die Idee der Soziologie als „empirische Wissenschaft" und führte die ersten Studien am Institut durch, die sich mit der Mittelschicht und ihren jüngsten Veränderungen befassten. Die „angewandte Soziologie" wurde auch von Levene gefördert, der einen seiner Mitarbeiter ermutigte, mit dem von George Gallup geleiteten American Institute of Public Opinion in Kontakt zu treten. Sie waren daran interessiert, Ratschläge zur Meinungsforschung und zur Durchführung von Meinungsumfragen in Argentinien zu erhalten (Morales Martín 2013).

Solche „modernisierenden" Initiativen mussten jedoch mit „traditionelleren" Ansätzen koexistieren, die stark von der deutschen Wissenschaft beeinflusst waren, die die Soziologie als einen Zweig der Philosophie oder Moraltheorie definierte und an der Diltheyschen Trennung zwischen *Geisteswissenschaft* und *Naturwissenschaft* festhielt. Diese Ansichten, die von den meisten Mitarbeitern des Instituts geteilt wurden, waren nicht gegen die „Soziografie" gerichtet, auch wenn sie diese als „zweitrangig" (und weniger prestigeträchtig) ansahen und in ihrer Lehre vernachlässigten. In der Tat waren von den achtundfünfzig Artikeln, die zwischen 1942 und 1947 im *Boletín* veröffentlicht wurden, nur sechs das Ergebnis empirischer Forschung (davon fünf von Germani). Die übrigen befassten sich mit der Sozialtheorie und der Geschichte des sozialen Denkens in Argentinien oder berichteten über die Lehrtätigkeit im Land oder im Ausland (Blanco 2006). Texte, die auf der Kommentierung anderer Texte beruhen, waren viel häufiger als „Zahlen". Miguel Figueroa Román, ein Soziologe, der die empirische Forschung und die amerikanische Soziologie von einem sehr aktiven Institut in Tucumán aus förderte, verhehlte seine Gefühle darüber nicht. In der ersten Sitzung einer flüchtigen Berufsvereinigung, die alle Soziologen des Landes versammeln sollte, erklärte er: „Die soziologische Forschung hat sich nach Kräften um philosophische Theorien bemüht und dabei ihre wirklichen Wurzeln im Leben selbst ignoriert. So hat sie die konkrete Realität kaum berührt und ihre Ideen auf der schwachen Basis von Sesselbeurteilungen entwickelt" (Cuevillas 1950, S. 190).

Die „traditionellen" Perspektiven wurden 1946 weiter gestärkt, als eine Intervention der peronistischen Regierung an den Universitäten, mit der versucht wurde, Kritik zu unterdrücken, zum Ausscheiden von Levene und Germani sowie vieler anderer regierungskritischer Professoren führte. Nach einer Sackgasse, in der die Aktivitäten des Instituts gestoppt wurden, wurde Rodolfo Tecera del Franco (1923–1991), ein an der Universität von Córdoba ausgebildeter Jurist, zum Direktor des Instituts ernannt. Als begeisterter Sympathisant der Peronisten förderte er eine „offizielle" Version des Fachs, die auf einem rechtsgerichteten Nationalismus beruhte, und kombinierte seine Vorlesungen in Soziologie sogar mit „Prinzipien des *Justicialismo*", einem Pflichtkurs für alle Studenten der Fakultät, in dem die wichtigsten ideologischen Elemente des Regimes gelehrt wurden (Tortti und Soprano 2004). Francos Vorliebe galt der deutschen Soziologie: 1953 sponserte er den Besuch des konservativen deutschen Soziologen Hans Freyer, der an der UBA lehrte.

Wie man sieht, hatte die Soziologie seit der Einrichtung des ersten Lehrstuhls am Ende des 19. Jahrhunderts erhebliche Fortschritte bei der Institutionalisierung an den Universitäten gemacht (Blanco 2006). Diese Entwicklungen betrafen jedoch eher die Lehre als die empirische Forschung, die zwar nicht inexistent war, aber von vielen ihrer Vertreter nicht als grundlegender Bestandteil der Disziplin anerkannt wurde. Sicherlich waren die intellektuellen Dispositionen der als Juristen ausgebildeten Vertreter, die sich zumeist nicht hauptberuflich der Soziologie widmeten, für diese Präferenzen verantwortlich. Die schwache Leistung in der empirischen Forschung war aber auch in hohem Maße durch den permanenten Mangel an materiellen Ressourcen und die begrenzten Verbindungen zwischen Soziologen und staatlichen Planungsstellen bestimmt. In diesem Zusammenhang war der 1955 einsetzende Prozess der Erweiterung und Erneuerung der Soziologie, der sich hauptsächlich auf die Mittel internationaler Organisationen und amerikanischer philanthropischer Stiftungen stützte, ein Wendepunkt in der Geschichte der Disziplin in Argentinien. Inspiriert von der internationalen Bewegung zur „Modernisierung" der Sozialwissenschaften, die nach dem Zweiten Weltkrieg einsetzte, förderten diejenigen, die die Erneuerung der Soziologie vorantrieben, eine beispiellose Agenda empirischer Forschung und gründeten die erste soziologische Schule des Landes. Diese Bemühungen wurden nicht als Fortführung früherer Entwicklungen dargestellt. Ganz im Gegenteil: Gino Germani, der Anführer der Bewegung und ehemaliges Mitglied des Instituts, forderte einen generellen Bruch mit der bisherigen Wissenschaft und weigerte sich, mit denjenigen zusammenzuarbeiten, die die meisten der zwanzig über das Land verteilten Lehrstühle leiteten – heute verächtlich als „*sociólogos de cátedra*" bezeichnet.[1] Es war

---

[1] Das bedeutet so etwas wie „Sesselsoziologen", d. h. Professoren, die sich nicht mit empirischer Forschung befassen und eine „buchmäßige" Soziologie entwickeln.

die Stunde der Soziologie als Wissenschaft, und in der Tat war „wissenschaftliche Soziologie" das Markenzeichen, mit dem er die „neue" Ausrichtung kennzeichnete.

Die Erneuerung der Soziologie und der Aufstieg von Gino Germani

Die Entmachtung Peróns durch einen Staatsstreich im Jahr 1955 beendete eine politische Erfahrung, die innerhalb eines Jahrzehnts zu tiefgreifenden Veränderungen in der argentinischen Gesellschaft geführt hatte. Die wirtschaftlichen Veränderungen, die durch die Industrialisierung gefördert wurden, gingen Hand in Hand mit einer deutlichen Verbesserung der Lebensbedingungen der Arbeitnehmer. Dank der Verabschiedung einer Reihe von sozialen Rechten hatten die Arbeitnehmer einen noch nie dagewesenen Lebensstandard erreicht und die Gewerkschaften waren zu starken politischen Akteuren geworden. Diese Veränderungen, gepaart mit einem kämpferischen nationalistischen und populistischen Diskurs, führten zu anhaltender Unzufriedenheit unter den traditionellen wirtschaftlichen Eliten – insbesondere dem Landadel – und wichtigen Teilen der Mittelschicht. Die Intellektuellen sahen den Peronismus überwiegend als eine lokale (und späte) Ausprägung des Faschismus. Peróns Universitätspolitik trug freilich nicht viel dazu bei, diese Sichtweise abzuschwächen. Zwar schaffte sie Gebühren und Quoten ab, was einen beeindruckenden demokratisierenden Anstieg der Studentenzahlen zur Folge hatte, doch hob die Regierung die Selbstverwaltung der Universitäten auf und verwies kritische Professoren des Landes.[2] Solche Säuberungen waren besonders einflussreich in den Geisteswissenschaften, wo liberale Professoren durch (ultra-)konservative Intellektuelle ersetzt wurden, die aus ihrer Zuneigung zum Regime keinen Hehl machten, wie es bei Tecera del Franco der Fall war (Sigal 1991).

Der Sturz Peróns löste einen tiefgreifenden Wandel an den Universitäten aus. In einigen Einrichtungen, darunter die FFyL der UBA,

---

[2] Unter ihnen befanden sich renommierte Wissenschaftler wie Bernardo Houssay (zukünftiger Nobelpreisträger für Medizin) und Raúl Prebisch (einer der einflussreichsten Wirtschaftswissenschaftler Lateinamerikas) (Kirtchik und Heredia 2015).

wurden diejenigen, die während des Peronismus gelehrt hatten, sofort entfernt, weil sie „mit dem Tyrannen kollaboriert" hatten, und durch diejenigen ersetzt, die zuvor unter den Säuberungen des Regimes gelitten hatten. Während diese Professoren von den Universitäten vertrieben wurden, hielten sie weiterhin Kurse und Vorlesungen in inoffiziellen privaten Einrichtungen ab, die als „Schattenuniversität" dienten. Nach ihrer Rückkehr in ihre Ämter förderten viele von ihnen die Forschungstätigkeit, denn ihrer Ansicht nach sollte die Berufsausbildung durch die Schaffung von neuem und „nützlichem" Wissen ergänzt werden. Dies war von entscheidender Bedeutung, wenn die Universitäten ihr intellektuelles und soziales Ansehen wiedererlangen sollten, nach einer, wie sie fast einhellig beurteilten, schädlichen „obskurantistischen" Periode. Zahlreiche Initiativen wurden in dieser Richtung ergriffen: Die Vollzeitstellen wurden erheblich ausgeweitet,[3] das System der Lehrstühle wurde durch die Organisation in Abteilungen ersetzt, und die Forschungsinstitute wurden gestärkt. Die Einführung neuer und „moderner" Studiengänge wie Soziologie – andere waren Psychologie und Pädagogik – war Teil dieser reformistischen Stimmung (Buchbinder 1997).

Diese Perspektive deckte sich mit einer aufkommenden „Modernisierungs"-Agenda, die von vielen politischen Akteuren vertreten wurde, die im Einklang mit regionalen Tendenzen eine auf Wissenschaft und Technologie basierende staatliche Planung als Schlüssel zur Lösung der „Entwicklungsblockade" verteidigten. Nach dieser Auffassung erforderte der Aufschwung Argentiniens wie auch Lateinamerikas „Experten" für Entwicklung, die in den neuesten Sozialwissenschaften ausgebildet waren (Abarzua Cutroni 2012). Wenn Ingenieure und Ökonomen angesichts der technologischen und wirtschaftlichen Rückständigkeit des Landes die Favoriten waren, konnten auch Soziologen wichtig sein, da „Entwicklung" als ein komplexer Prozess angesehen wurde, der das Soziale, Politische und Kulturelle umfasst. So heißt es in einem offiziellen Dokument einer neuen staatlichen Planungsbehörde aus dem Jahr 1962:

---

[3] Während des Peronismus wurden hauptamtliche Stellen geschaffen, die aber erst später ausgebaut wurden. Während es 1957 nur 10 Stellen an der UBA gab, waren es 1962 bereits 600 (Buchbinder 1997).

Es ist klar, dass der Begriff „Entwicklung" nicht auf den wirtschaftlichen Bereich beschränkt werden kann, sondern dass er alle gesellschaftlichen Aktivitäten umfasst. Es ist auch klar, dass selbst die wirtschaftliche Entwicklung im engeren Sinne – d. h. als bloße Produktionssteigerung betrachtet – als notwendige Bedingung Faktoren hat, die nicht ausschließlich wirtschaftlicher, sondern auch sozialer und kultureller Natur sind (wie z. B. Werte und Motivationen, die mit der Rationalisierung der wirtschaftlichen Tätigkeit vereinbar sind) [...] Daher sind für eine angemessene Betrachtung der Entwicklungsprobleme [...] die möglichen kulturellen und sozialen [Elemente] zu berücksichtigen, wofür es notwendig sein wird, durch spezifische Forschung die entsprechenden Daten zu erhalten. (CFI 1962, S. 201)[4]

Die politischen Umwälzungen und Veränderungen an der Universität sowie das allgemeine Klima der Zeit schienen reif für die Einführung intellektueller Innovationen: Gino Germani wurde zu ihrem wichtigsten Nutznießer. Wie kam es, dass er, ein ehemaliger unbezahlter Assistent am Institut für Soziologie, mit der Verantwortung für die Organisation des neuen Fachbereichs und Programms betraut wurde? Germani war ein italienischer Emigrant, der im Alter von dreiundzwanzig Jahren als Verfolgter des Faschismus nach Argentinien kam. Bevor er Italien verließ, hatte er wegen seiner politischen Aktivitäten gegen Mussolinis Regime einige Zeit im Gefängnis verbracht. In seinem neuen Land studierte er Philosophie an der UBA (wo er von Levene als Mitarbeiter des Instituts angeworben wurde) und fand eine nicht allzu anspruchsvolle Stelle im Landwirtschaftsministerium, die es ihm ermöglichte, seine Ausbildung als Soziologe fortzusetzen. Seine vorherige Erfahrung in Statistik und Wirtschaft in Italien, wo er Verwaltung studierte, half ihm, sich mit quantitativen Analysen zu beschäftigen (A. Germani 2008). Diese Ausrichtung und sein Interesse an der amerikanischen Soziologie unterschieden ihn von den meisten seiner Kollegen im Institut, die, wie wir gesehen haben, die Soziologie als einen Zweig der Philosophie pflegten. Nach seinem Rauswurf hat er die Soziologie nicht aufgegeben. Vielmehr gelang es ihm, sich dank einer Vielzahl von Aktivitäten einen guten Ruf als „modernster" Soziologe im weiten intellektuellen Feld zu erarbeiten.

---

[4] Wenn nicht anders angegeben, sind die Übersetzungen meine eigenen.

Zum einen arbeitete er in zwei Verlagen, wo er neben anderen fachfremden Tätigkeiten zum Herausgeber von zwei sozialwissenschaftlichen Reihen ernannt wurde. Die Reihe, für die Germani viele Vorworte schrieb und einige Titel übersetzte, verband Soziologie und Psychologie und stützte sich hauptsächlich auf die angelsächsische Geisteswelt – im Gegensatz zu den deutschen Vorlieben der meisten „traditionellen" Soziologen. Zu den Titeln gehörten Werke von Erich Fromm, Bronislaw Malinowski, George Herbert Mead, Margaret Mead, Raymond Aron, Harold Laski und vielen anderen (Blanco 2006). Andererseits begann er im Anschluss an seine Forschungen über die Mittelschicht mit einer allgemeineren Studie über die argentinische Sozialstruktur. Dieses Werk mit dem Titel *Estructura social de la Argentina* (*Die soziale Struktur Argentiniens*) erschien 1955 in einer kleinen Druckerei, die von einer Fraktion der Radikalen Bürgerunion (UCR), einer politischen Partei der Mitte, die den Peronismus ablehnte, betrieben wurde. Es war eine der ersten eingehenden Studien über die historischen und aktuellen soziodemografischen Tendenzen des Landes. Ohne finanzielle Mittel (und eine akademische Anstellung) musste sich Germani auf Sekundärquellen verlassen – hauptsächlich auf Daten aus Volkszählungen –, obwohl er einige Tabellen erstellte und Korrelationen heranzog. Inspiriert wurde er vor allem von der sozialen Morphologie, die in Frankreich von Maurice Halbwachs entwickelt wurde, und von den amerikanischen Schichtungsstudien. In seinem Buch finden sich zahlreiche Verweise auf das *American Journal of Sociology*, die *American Sociological Review* und das *British Journal of Sociology*. Er war auch in intensive erkenntnistheoretische Auseinandersetzungen mit seinen germanophilen Kollegen verwickelt. Im Gegensatz zu ihnen behauptete er, dass sich die Methoden der Soziologie in keiner Weise von denen der Naturwissenschaften unterscheiden, zumindest was die logischen Grundlagen betrifft (G. Germani [1952] 2010). Seine Beiträge, von denen einige auf Konferenzen gehalten wurden, die von „Sessel-Soziologen" organisiert worden waren, wurden in *La sociología científica* (*Wissenschaftliche Soziologie*) zusammengefasst und 1956 von der Nationalen Autonomen Universität von Mexiko veröffentlicht. Schließlich bot Germani auch einige Soziologiekurse an der Freien Hochschule für Höhere Studien (CLES) an, einer Privatschule, an der sich die angesehensten Intellektuellen versammelten, die gegen den Peronismus waren (Neiburg 1998). Obwohl seine Kurse nicht sehr beliebt waren – nicht mehr als zehn Studenten nahmen teil –, waren sie entscheidend für Germanis Netzwerke und sein soziales Kapital mit wichtigen Mitgliedern des intellektuellen Feldes und für die Rekrutierung junger Studenten und Mitarbeiter. Letzteres erwies sich als entscheidend für seine Berufung an die UBA im Jahr 1955, da einige seiner Studenten gleichzeitig aktive Mitglieder der Studentenbewegung waren, die nach dem Sturz Peróns eine sehr einflussreiche Position bei der Neuorganisation der Universität erlangen konnten. Das Interesse der Studenten an einem neuen Studiengang der Soziologie war von entscheidender Bedeutung, und Germani vermittelte einem Publikum, das die Universität für die Verbesserung des Lebens der Arbeiter engagieren wollte, auf geschickte Weise das Potenzial der Disziplin zur Förderung sozialer Interventionen und sozialer Verbesserungen. Schließlich war auch Germanis antifaschistischer und antiperonistischer Hintergrund wichtig, da die Studenten gegen Perón und seine Regierung waren.

Nach seiner Ernennung zum Leiter des neuen Fachbereichs für Soziologie an der UBA im Jahr 1956 widmete sich Germani der Einführung des ersten Studiengangs und der Erneuerung der Aktivitäten des Instituts. Da die personelle Besetzung dieser Einrichtungen im Wesentlichen durch den Ausschluss der *„sociólogos de cátedra"* bestimmt wurde, mussten viele Personen ohne nennenswerten Hintergrund in diesem Fachbereich eingestellt werden. Es handelte sich um junge Absolventen der Philosophie, des Ingenieurwesens und sogar der Buchhaltung, die beschlossen, sich der „neuen" Wissenschaft zuzuwenden. Zu diesem Zweck richtete Germani eine zweijährige Spezialisierung in Soziologie ein, um ihre Ausbildung zu sichern und sie als Dozenten und Forschungsassistenten einzusetzen. Doch die „Humanressourcen" reichten nicht aus. In diesem Zusammenhang suchte (und fand) Germani die Unterstützung internationaler Institutionen wie der UNESCO und amerikanischer philanthropischer Stiftungen – allein Ford und Rockefeller statteten die UBA mit 245.000 Dollar aus (Verón 1974).[5] Nach einer von

---

[5] Etwa zwei Millionen US-Dollar, inflationsbereinigt bis 2020.

Gebern und Empfängern geteilten Diagnose hing die Entwicklung der Soziologie in Argentinien von einer massiven Importoperation von Ideen und Personal ab. Nur so konnte der Teufelskreis durchbrochen werden, in dem es keine richtig ausgebildeten Soziologen gab, weil es keine richtigen Schulen gab, und es keine richtigen Schulen gab, weil es keine richtig ausgebildeten Soziologen gab (G. Germani [1961] 1979). So wurde die Ausbildung von Germanis engsten Mitarbeitern im Ausland, vor allem in den Vereinigten Staaten und im Vereinigten Königreich, und in geringerem Maße in Frankreich und Chile, an der kürzlich gegründeten Lateinamerikanischen Fakultät für Sozialwissenschaften (FLACSO), finanziell unterstützt.[6] Gleichzeitig wurden mehr als zwanzig ausländische Wissenschaftler eingeladen, an der neuen Fakultät zu lehren oder zu forschen, die alle von der Idee beseelt waren, die Soziologie als „Wissenschaft" zu fördern. Auf der Liste standen Kalman Silvert – Spezialist für Lateinamerika, Ford-Beamter und Freund von Germani –, Ralph Beals, Irving Louis Horowitz, Aaron Cicourel, Paul Baran, Georges Friedman, Alain Touraine, Sammuel Noah Eisenstadt, Peter Heintz, Johan Galtung, Lucien Brams, José Medina Echavarría und Luiz Aguiar de Costa Pinto (A. Germani 2008). Wie Blanco und Wilkis (2018, S. 216) feststellten, machte diese Verbreitung die UBA zu einem „inoffiziellen internationalen Zentrum" für Studium und Forschung, was ihr große Sichtbarkeit und Prestige in der Region verlieh. Obwohl Germanis Qualitäten für den Aufbau einer Institution unbestreitbar waren, war die Einrichtung eines Doktorandenprogramms, das 1964 beginnen sollte (Janos 1963), nicht realisierbar, da die Ressourcen nicht ausreichten und sich als unsicher erwiesen.

---

[6] FLACSO und das Lateinamerikanische Zentrum für sozialwissenschaftliche Forschung (CLAPCS) waren zwei regionale Einrichtungen, die 1957 von der UNESCO und den lateinamerikanischen Regierungen gegründet wurden, um die Sozialwissenschaften in der Region zu fördern. Das erste, in Santiago de Chile gelegene Zentrum bot Graduiertenkurse an, wobei der Schwerpunkt auf „modernen" quantitativen Methoden lag. Die zweite, in Rio de Janeiro ansässige Einrichtung war als Forschungsinstitut konzipiert, das die Studien in verschiedenen Ländern koordinieren und die vergleichende Forschung fördern sollte.

Empirische Forschung als Instrument des sozialen Wandels. Staatsplanung und Volksaufklärung

Im Einklang mit den Orientierungen und Präferenzen, die von den globalen Zentren der Disziplin, insbesondere den Vereinigten Staaten, ausgingen, propagierten Germani und seine Mitarbeiter die Soziologie als eine „Wissenschaft", deren Hauptanliegen die Untersuchung der wichtigsten sozialen Probleme sein sollte, die das Land in seinem „Übergang zur Moderne" betreffen. Obwohl die Soziologie distanziert und wertfrei sein sollte, war sie nicht mit einer rein akademischen Wissenschaft zu verwechseln. Im Gegenteil, Soziologen sollten sich mit Begeisterung auf die Suche nach einer nicht-akademischen Öffentlichkeit begeben – insbesondere nach Staatsbeamten, die sich mit den Herausforderungen der „sozialen Entwicklung" befassen – und ihnen die Bedeutung der empirischen „modernen" Forschung für die Planung und Verbesserung der Gesellschaft aufzeigen.

Die Aktivitäten des Instituts vervielfachten sich, da Gelder von Stiftungen und internationalen Organisationen die Durchführung zahlreicher Studien ermöglichten. Bis 1966 gab es neunundzwanzig Forscher, von denen viele auch im Rahmen des Programms lehrten (García-Bouza und Verón 1967). Auch wenn qualitative Techniken nicht ausgeschlossen wurden, lag der Schwerpunkt auf quantitativen Methoden: Die Umfrageforschung war der Star. War Germani bis zu diesem Zeitpunkt auf Sekundärquellen angewiesen, ermöglichte der neue Wohlstand die Gewinnung von Informationen aus erster Hand. So führte das Institut im Rahmen einer von der UNESCO finanzierten transnationalen Sozialstrukturforschung in vier lateinamerikanischen Großstädten (Buenos Aires, Montevideo, Rio de Janeiro und Santiago) eine Studie mit einer Stichprobe von mehr als 2000 Haushalten und einem Heer von bezahlten Umfrageteilnehmern durch. Die Fragebögen, die mehr als 300 Fragen enthielten, drehten sich um einige der Themen, die Germani in *Estructura social de la Argentina* behandelt hatte, doch konnten nun neue Informationen gewonnen werden (Graciarena und Sautu 1961). Die Anschaffung eines IBM-Computers ermöglichte es, die Geschwindigkeit der Datenverarbeitung zu erhöhen und verlieh der „wissenschaftlichen Soziologie" ein hochmodernes Aussehen. Fortgeschrittene Studenten wurden als Forschungsassistenten rekrutiert: Sie stellten ihre Arbeitskraft kostenlos zur Verfügung und erhielten im Gegenzug eine Ausbildung während der Arbeit. Zusammen mit der Vervielfachung der Kurse in Methodik, Statistik und Stichprobendesign gehörte dies zu den Hauptmerkmalen, mit denen sich die „wissenschaftliche Soziologie" gegen die „*sociólogos de cátedra*" und deren „unkontrollierte Spekulation" und „buchartigen" Arbeitsstil durchsetzte. Die Forschungsthemen waren vielfältig, aber sie waren fest in eine gemeinsame Agenda zum Thema „Entwicklung" eingebunden: soziale Schichtung, Urbanisierung, Industrialisierung, soziale Mobilität, Säkularisierung und Migration. Die Betonung der aktuellen Probleme war so stark, dass ein ausländischer Beobachter feststellte: „Es gibt heute nur wenige Länder auf der Welt, in denen die Sozialforschung so offensichtlich von den tatsächlichen sozialen Bedürfnissen geleitet wird wie in Argentinien […] Die Forschungsprojekte des Soziologischen Instituts der Universität Buenos Aires lesen sich wie ein Katalog der Probleme einer Gesellschaft, die sich schnell und oft auf erratische Weise nach modernen Mustern entwickelt" (Janos 1963, S. 14).

Diese frenetische Aktivität blieb nicht unbemerkt. Nachrichten über die Aktivitäten des Instituts waren in der Presse keine Seltenheit (Kratochwill 1970), und die wichtigsten Werke des Instituts wurden in preisgünstigen Ausgaben der neuen Druckerei der UBA, Eudeba, veröffentlicht.[7] Vor dem Hintergrund der wachsenden Zahl von Universitätsstudenten (die Zahl der Studenten der UBA war von 50.000 im Jahr 1947 auf 140.000 im Jahr 1955 gestiegen) und einer wachsenden Leserschaft aus der Mittelschicht verkauften sich einige Titel von Germani und seinen Mitarbeitern recht gut, und einige wurden sogar zu Bestsellern. Dies war der Fall bei José Luis de Ímaz' *Los que mandan* (*Diejenigen, die herrschen*), einer detaillierten (und größtenteils quantitativen) Studie über lokale Eliten und das Fehlen einer einheitlichen herrschen-

---

[7] In nur wenigen Jahren wurde Eudeba zur größten spanischsprachigen Druckerei der Welt. Ihre Titel decken ein breites Spektrum von Bereichen ab, wobei die Sozial- und Geisteswissenschaften im Vordergrund stehen. Zwischen 1959 und 1966 wurden mehr als 11 Millionen Exemplare und 800 neue Titel gedruckt, von denen ein großer Teil Übersetzungen aus dem Englischen und Französischen waren (Dujovne 2016).

den Klasse, die sich in nur zwei Jahren mehr als 40.000 Mal verkaufte. Die Soziologie hatte ihre frühere Ächtung hinter sich gelassen und war in Mode gekommen. In einer populären Zeitschrift, die eine Rubrik über die neuesten Publikationsereignisse enthielt, stellte ein Journalist klar: „Soziologie verkauft sich: Sie ist ein gutes Geschäft" und fragte sich: „Warum war die Soziologie für die allgemeine Leserschaft so attraktiv?" (in *Confirmado* 1965a, S. 38).

Zu den bekanntesten Interventionen der „wissenschaftlichen Soziologie" in der Öffentlichkeit gehörte in jenen Jahren Germanis Interpretation der Ursprünge und des Wesens des Peronismus. Als recht komplexes Phänomen, das linke und rechte Traditionen miteinander verband, war der Peronismus das rätselhafteste Phänomen im intellektuellen Bereich. Es wurden viele Erklärungen aus unterschiedlichen ideologischen Richtungen angeboten, obwohl die meisten von ihnen ihn als eine lokale (und späte) Nachahmung des Faschismus darstellten (und anprangerten). Germani vertrat eine andere Auffassung, die er als „wissenschaftlich" bezeichnete. Für ihn waren die sozialen Grundlagen und damit die allgemeine Bedeutung von Faschismus und Peronismus sehr unterschiedlich. Während ersterer eine regressive Ausrichtung hatte, die die Interessen und Organisationen der Arbeiter betraf, verkörperte letzterer einen Demokratisierungsprozess. Die liberale Demokratie wurde zwar zugunsten plebiszitärer Formen vernachlässigt, und die Presse wurde kontrolliert. Dennoch wurden die Interessen der Arbeiterklasse in der politischen Arena so stark vertreten wie nie zuvor. Es blieb jedoch die Frage, wie ein antikommunistischer Offizier wie Perón die Unterstützung der Arbeiter auf Kosten ihrer traditionellen linken Organisationen erhalten konnte. Anhand empirischer Daten zur Binnenmigration zeigte Germani, dass die Industrialisierung nach der Weltwirtschaftskrise eine „neue Arbeiterklasse" hervorgebracht hatte, die sich aus jungen Migranten zusammensetzte, die aus den traditionellen sozialen Milieus der ärmeren Regionen des Landes kamen. In den Großstädten angekommen, stellten diese neuen Arbeiter eine „verfügbare Masse" dar, deren dauerhafte „traditionelle Einstellungen" den Weg für die Herausbildung einer paternalistischen und autoritären Führung ebneten (G. Germani [1962] 1968). Auf der Grundlage empirischer Daten und sozialer Theorien, die die Ungleichzeitigkeiten bei beschleunigten Übergängen hervorheben, stellte sich die „wissenschaftliche Soziologie" der Fachöffentlichkeit mit einer originellen Sichtweise auf das heißeste Thema ihrer Zeit vor (Neiburg 1998).

Der Beruf des Beraters und die (gescheiterte) Suche nach Klienten

Die Verbindung der „wissenschaftlichen Soziologie" mit der Laienöffentlichkeit sollte nicht nur von der akademischen Basis aus gefördert werden. Germani und seine Mitarbeiter waren der Meinung, dass die Soziologie auch als Beratungsberuf gefördert werden sollte. Ihrer Ansicht nach sollten Soziologen zu gefragten Fachleuten in Bereichen wie Arbeitsbeziehungen, Bildung, Gesundheit, Sozialfürsorge, Humanressourcen und Marktstudien werden (G. Germani und Graciarena 1958). Sie waren der Meinung, dass viele Organisationen – staatliche Stellen, aber auch Unternehmen und Gewerkschaften – soziologischen Expertenrat benötigten. Das Problem war, dass sie nicht unbedingt wussten, dass sie soziologisches Fachwissen benötigten. Dies führte dazu, dass potenzielle Nischen mit unqualifiziertem Personal besetzt wurden. In diesem Zusammenhang förderte die Abteilung Aktivitäten außerhalb des akademischen Bereichs. Zum einen richtete sie ein kurzes Graduiertenprogramm in „angewandter Soziologie" ein, das sich speziell an all jene richtete, die nach Abschluss der *Licenciatura* keine akademische Laufbahn einschlagen wollten. Der erste Studiengang war „Sozialpsychologie", aber es sollten noch weitere folgen. Andererseits bemühte sich der Fachbereich um eine Zusammenarbeit mit staatlichen Planungsbüros und bot seine Humanressourcen für die Konzeption und Durchführung von angewandten Studien an (A. Germani 2008). Diese Aktivitäten sollten nicht nur die Nützlichkeit der Soziologie für potenzielle Kunden aufzeigen, sondern den Studenten auch die Möglichkeit bieten, „Praktika in den Organisationen zu absolvieren, in denen sie nach Abschluss ihres Studiums als Fachleute arbeiten werden" (Germani und Graciarena 1958, S. 6). Diese Initiativen beruhten auf einer Auffassung, die zwar die „reine" Wissenschaft als *„prime movens"* der Wissenschaft verteidigte (G. Germani [1946] 2006), gleichzeitig aber die angewandte Soziologie als notwendige Ergänzung der akademischen Aktivitäten ansah. In einer Weise, die Burawoys Bemerkungen zur Arbeitsteilung in der Soziologie vorwegnahm, forderte Germani eine intensive Zusammenarbeit zwischen Soziologen innerhalb und außerhalb der akademischen Welt. Die angewandte Soziologie sei notwendig, weil:

> Die Kenntnis der sozialen Wirklichkeit ist nicht nur die notwendige Vorbedingung für soziales Handeln, sondern das Wissen selbst, auch in seiner rein theoretischen Form, kann nur im Kontakt mit den aktuellen Problemen entwickelt werden, die die Gesellschaft in ihrer konkreten Existenz aufwirft. Die Notwendigkeit, jede Kluft zwischen Theorie und Praxis zu vermeiden, verweist lediglich auf die Notwendigkeit einer fruchtbaren und ständigen Interaktion zwischen beiden. (G. Germani 1964)

Eine solche Betonung der angewandten Soziologie und der Notwendigkeit, neue Klientel und Öffentlichkeiten zu schaffen, mag für eine Gruppe von Wissenschaftlern, die hauptberuflich als Akademiker an der Institutionalisierung der Soziologie als vollwertige akademische Disziplin arbeiteten, erstaunlich erscheinen. Tatsächlich ging die Akademisierung der Soziologie in vielen anderen Ländern mit einer Schwächung – wenn nicht gar einem Abbruch – der Bindungen zwischen Soziologen und Laienöffentlichkeiten einher. In den Vereinigten Staaten zum Beispiel war die Konsolidierung der ersten Abteilungen untrennbar mit dem Ziehen einer „schützenden Grenze" gegenüber den gesellschaftlichen Anforderungen und der Etablierung eines größeren Maßes an Unabhängigkeit verbunden (Turner 2014). Ein ähnliches Muster, wenn auch mit ganz anderen Vorbildern, findet sich in Brasilien, insbesondere in São Paulo, wo der Szientismus ebenfalls ein Schutzbegriff war, der die Soziologie von politischem Druck isolieren sollte (Cordeiro und Neri 2019).[8] Natürlich wollten Germani und seine Mitarbeiter nicht, dass die Diszi-

---

[8] In den Vereinigten Staaten kamen die Forderungen von den sozialen Reformbewegungen, einer Vielzahl von Vereinigungen, die von engagierten Bürgern geleitet wurden und deren Hauptanliegen es war, das Leben der Armen und Einwanderer durch Maßnahmen zur Verbesserung der Lebensbedingungen und moralische Erziehung positiv zu beeinflussen. In Brasilien kamen sie von „oben", da die Einführung der ersten Programme in den 1930er-Jahren großzügig von den wirtschaftlichen und politischen Eliten unterstützt wurde, die auf der Suche nach modernem Fach-

plin ihre Autonomie verliert. In der Tat bestanden sie darauf, die Soziologie als überparteilich und wertneutral zu verteidigen.⁹ Doch trotz einiger Fortschritte waren die Verbindungen der „wissenschaftlichen Soziologie" zu einem breiteren Publikum und einer größeren Klientel immer noch nicht sehr zahlreich, und in diesem Zusammenhang könnte eine potenzielle Isolierung als ein offensichtlicheres Risiko erscheinen als der Verlust der intellektuellen Freiheit. Die Ergänzung der ersten Verbündeten – Studentenbewegungen, UBA-Behörden, amerikanische Stiftungen – schien eine notwendige Bedingung zu sein, um den Platz der Soziologie in der akademischen Welt wie auch in der Gesellschaft im Allgemeinen zu sichern.

Doch obwohl die allgemeine gesellschaftliche Situation prinzipiell reif für die Verbreitung der soziologischen Anwendungen zu sein schien, wurde sie nur lauwarm aufgenommen. Der Anteil der neuen Absolventen an den staatlichen Stellen und die Nachfrage seitens der staatlichen Behörden blieben weit hinter Germanis Hoffnungen zurück. Nicht nur, dass die staatlichen Behörden keine kontinuierlichen Möglichkeiten für eine Expertenkarriere boten – Änderungen in den Regierungen zogen Änderungen in der Bürokratie nach sich –, die Behörden versäumten es auch, die Abteilung und das Institut mit Mitteln zu unterstützen. Es gab sogar einige hochrangige Staatsbeamte, insbesondere im Militär, die der „neuen" Disziplin misstrauten und sie mit kommunistischen Aktivitäten in Verbindung brachten (A. Germani 2008). Infolgedessen wurde die „wissenschaftliche Soziologie" vor allem durch ausländische Gelder unterstützt. Mit amerikanischen Dollars wurden, wie bereits erwähnt, Gastwissenschaftler und Auslandsstudien junger Absolventen bezahlt. Sie unterstützten auch die Durchführung von empirischen Studien und die Einrichtung der ersten modernen soziologischen Bibliothek. Die lokalen Ressourcen waren mühsam zu beschaffen und unzureichend. Vollzeit-

---

wissen für staatliche Aufgaben waren. In beiden Fällen riskierte die Unterstützung durch die Mentoren die intellektuelle Unabhängigkeit zugunsten reformorientierter Untersuchungen.
⁹ In dem oben erwähnten Bestseller erklärte de Ímaz: „Der gewöhnliche Leser, der sich nicht regelmäßig mit dieser etwas esoterischen Wissenschaft, der Soziologie, beschäftigt, sollte wissen, dass Werke wie das vorliegende immer wertneutral sind. Das heißt: Analyse von Fakten, Erklärung von Dingen […], über die keine Urteile über gut oder schlecht […] eröffnet werden. Diese Urteile werden nur vom Leser gefällt […] Unsere intellektuelle Szene ist voll von Werturteilen, während es wiederum an […] Werken fehlt, die eine objektive Analyse verfolgen" (de Ímaz 1964, S. 2).

stellen, die aus dem Haushalt des UBA finanziert werden sollten, erwiesen sich bald als unzureichend; die räumlichen Gegebenheiten waren ungeeignet, da die Abteilung in einem kleinen Raum arbeiten musste, der vom Philosophischen Institut ausgeliehen wurde (G. Germani [1961] 1979). Wie ein lokaler Beobachter aufschlussreich feststellte, „stellte das Fehlen einer externen Öffentlichkeit – ob öffentlich oder privat –, die die Dienste der Soziologie zur Lösung ihrer Probleme in Anspruch nahm, einen klaren Widerspruch dar: Wie sollte man die angewandte Soziologie in einer Gesellschaft fördern, die ihre Produkte nicht nachfragte?" (Sidicaro 1993, S. 69).

Soziologen vs. Essayisten

Die Gründung des Fachbereichs an der UBA und die Erneuerung des Instituts hatten einen starken Einfluss auf die lokale soziologische Situation. Diese Initiativen schufen eine Grenze, die das Fachgebiet in zwei Hälften teilte, da die „traditionellen" Soziologen nicht einfach untergingen. Tatsächlich gelang es den so genannten *sociólogos de cátedra*, ihre Berufungen an Universitäten im Landesinneren (wie Córdoba, Mendoza und Santa Fe) zu behalten und einige institutionelle Einrichtungen zu kontrollieren. Die auffälligste Figur war Alfredo Poviña (1904–1986), ein Rechtsanwalt, der es während des Peronismus geschafft hatte, sich als Soziologe in Argentinien und im Ausland einen Namen zu machen[10] und die Organisation regelmäßiger Treffen und Konferenzen aktiv vorantrieb. Zu diesen Bemühungen gehörte die Gründung der Argentinischen Soziologischen Gesellschaft (SAS) im Jahr 1959, einer gelehrten Gesellschaft, die mehr als 100 Mitglieder zählte (Pereyra 2005). Germani und seine Anhänger gründeten eine Gegenvereinigung: die Argentinische Soziologische Vereinigung (ASA). Dabei handelte es sich um eine ex-

---

[10] Seine *Historia de la sociología en Latinoamerica*, eine umfassende (wenn auch nicht tiefgründige) Studie über die soziologischen Lehrstühle und die wichtigsten Soziologen in Lateinamerika, wurde vom Fondo de Cultura Económica, einer angesehenen mexikanischen Druckerei, veröffentlicht. Darüber hinaus förderte er dank seiner aktiven internationalen Vernetzung 1950 die Gründung der Lateinamerikanischen Soziologischen Vereinigung (ALAS), der ersten regionalen Vereinigung der Welt, zu deren Präsident er ein Jahr später ernannt wurde (Blanco 2005).

klusive (und kurzlebige) Organisation, die all jene offen ausschloss, die wie die meisten *sociólogos de cátedra* nicht hauptberuflich als „Soziologen" tätig waren, sei es im akademischen Bereich oder außerhalb (Blanco 2006). Hier zählte die „Qualität" und die Integration unter einem gemeinsamen Glauben mehr als die „Quantität".

Die „Armchair-Soziologie" war jedoch nur eine der intellektuellen Traditionen, von denen sich die „wissenschaftliche Soziologie" abgrenzen sollte. Die *sociólogos de cátedra* waren zwar insofern wichtig, als sie um dieselben Ressourcen (Lehrstühle, Vereinigungen, internationale Netzwerke und Fördermittel) konkurrieren konnten, aber im breiteren intellektuellen Feld waren sie marginal. Viel einflussreicher war eine Gruppe von Intellektuellen, die nach der durch die Weltwirtschaftskrise von 1930 ausgelösten tiefen Krise einflussreiche Essays verfasst hatten, in denen sie die jüngsten Veränderungen der argentinischen Gesellschaft im Lichte dessen interpretierten, was sie als einen dauerhaften nationalen Charakter bezeichneten. Diese Aufsätze, die von Intellektuellen und der Fachöffentlichkeit begeistert aufgenommen wurden (Jackson und Blanco 2014), vermittelten ein pessimistisches und fatalistisches Bild der argentinischen Verfassung. Die tellurische Argumentation, die den Nationalcharakter auf die lokale Geografie zurückführte, wurde von der Inspiration durch Literatur und persönliche Erfahrung begleitet.

Wie nicht anders zu erwarten, waren Germani und seine Mitarbeiter von diesen Werken nicht angetan. Sie sahen in ihnen einen übermäßigen „Impressionismus" und literarische Inspiration sowie einen Mangel an politischer Distanz, der ihnen jeglichen Wert für die Disziplin nahm. Ihrer Ansicht nach sollten Daten und Fakten dazu dienen, eine neue und „wissenschaftlich" fundierte Phase in der Interpretation der lokalen Gesellschaft einzuleiten. Doch was sie verächtlich als „Parasoziologie" bezeichneten, war der aktuelle Ausdruck der berühmtesten nationalen intellektuellen Tradition. Diese Tradition, die in den 1850er-Jahren begann, umfasste bedeutende Denker, die auch als Politiker in der Organisation der Institutionen des Landes tätig waren.[11] Die „wissenschaftliche Sozio-

---

[11] In Abgrenzung zu formalistischen juristischen Überlegungen entwickelten sie einen scharfen historischen Rahmen und ein Gespür für die lokalen Besonderheiten und die Gründe, warum das Land nicht den Weg in die (europäisch geprägte) „Zivilisation" gefunden hatte. Domingo Faustino Sarmiento (1811–1888) war der Autor des ersten bedeutenden literarisch-politischen und sozio-

logie" war jedoch uninteressiert und betrachtete die Essayisten eher als Konkurrenten denn als Verbündete, deren Arbeit als zusätzliche Inspirationsquelle dienen konnte. Wie Jackson und Blanco (2014) feststellten, sahen sich die Soziologen in Europa und den Vereinigten Staaten mit einem sehr viel differenzierteren intellektuellen Milieu konfrontiert, zu dem Schriftsteller, Philosophen, Psychologen und Historiker gehörten, während sie in Argentinien (wie generell in Lateinamerika) mit den Essayisten konfrontiert waren, um im allgemeineren intellektuellen Feld anerkannt zu werden.

Die essayistische Tradition erwies sich als widerstandsfähig. Überraschenderweise hat eine neue Generation von Essayisten als Antwort auf die Herausforderung der „wissenschaftlichen Soziologie" einige ihrer Erkenntnisse und Ideen mobilisiert. Diese Verwendung zeugt vom Erfolg und von der Sichtbarkeit der Soziologie, die als Quelle intellektueller Autorität eingesetzt wurde (Neiburg 1998). In den Augen von Germani und seinen Mitarbeitern bedeutete diese Verwendung jedoch auch eine „gefährliche" Vermischung mit einem Ansatz, mit dem sie zu brechen versuchten. Obwohl sich die Essayisten stark auf die „neue" Disziplin stützten, verteidigten sie weiterhin „persönliche Erfahrungen" und literarische Inspiration als aufschlussreicher als „rohe" Daten. Sie behaupteten sogar, dass die Wissenschaft die Fantasie „erstickt" und verspotteten die „wissenschaftliche Soziologie" für ihre Leichtgläubigkeit gegenüber dem „Empirismus" (siehe nächstes Kapitel). Diese Kritik konnte von Germani und seinen Mitarbeitern kaum ignoriert werden, da sie in großen Bestsellern und von hochrangigen Intellektuellen verbreitet wurde. Als Germani im Juli 1965 von einem Journalisten über das Werk von Martinez Estrada, einem der bekanntesten Essayisten, befragt wurde, erklärte er, dass „es fast nichts Wertvolles darin gibt. Sein soziologisches Geschwafel ist ein typisch lateinisches Phänomen. Der Unterschied ist, dass die europäischen Essayisten bescheidener sind und nicht vorgeben, Soziologie zu betreiben". Im gleichen Sinne behauptete er, dass der Erfolg von Juan José Sebreli (1930-), einem Essayisten, dessen *Buenos Aires, vida cotidiana*

---

logischen Werks in Argentinien: *Facundo*. Es handelte sich um einen originellen soziopolitischen Essay, in dem die Rückständigkeit der argentinischen Gesellschaft und ihre politischen Schwierigkeiten nicht ohne eine Menge soziologischer Überlegungen dargelegt wurden. Für eine kurze Einführung, siehe Celarent (2011).

y alienación in weniger als einem Jahr acht Auflagen erlebte, auf seiner Fähigkeit beruhte, „Klatsch und Tratsch" über das Sexualverhalten einzubringen (und nicht einmal Daten, wie es bei Kinseys Berichten der Fall war, von denen sich Sebreli inspirieren ließ) (in *Confirmado* 1965b, S. 37).

Die Ablehnung der wichtigsten nationalen intellektuellen Tradition durch die „wissenschaftliche Soziologie" ging Hand in Hand mit dem Vollgas-Import der „fortschrittlichsten" Ansätze aus den globalen Zentren. Auch wenn Germani sich der „Probleme der Rezeption" (G. Germani 1964) durchaus bewusst war und persönlich jede mechanische Reproduktion von Ideen, die für (und in) anderen Realitäten konzipiert wurden, vermied (Brasil Jr. 2013),[12] waren die meisten der empfohlenen Lektüren im Programm der UBA auf Englisch. Der soziologische Fortschritt war also mit einem Import *und* einer Vernachlässigung der lokalen Werke verbunden. In diesem Zusammenhang unternahm der Fachbereich ehrgeizige Anstrengungen zur Übersetzung und zum Druck ausgewählter (meist) amerikanischer Zeitungen und Bücher. Das Tempo war so hoch, dass, wie sich Irving Horowitz, ein Gastwissenschaftler, der an einigen der Übersetzungen mitarbeitete, erinnerte: „Obwohl wir so ziemlich jede der Menschheit bekannte Urheberrechtskonvention verletzten, gelang es uns, veröffentliches und vervielfältigtes Material von den Meistern der amerikanischen Soziologie herauszubringen: Merton, Lazarsfeld, Wirth, Goffman, Lipset, und Bendix" (Horowitz 2008, S. 20). Ob beabsichtigt oder nicht, eine solche Ausrichtung verlieh der „wissenschaftlichen Soziologie" einen eindeutig amerikanischen Anstrich. Diese Vorliebe würde sich letztendlich als schädlich erweisen, da sich antiimperialistische Ansichten bald verstärkt ausbreiteten.

Jackson und Blanco (2014) zufolge war die Grenze, die Germani und seine Anhänger zu den Essayisten aufbauten, untrennbar mit der starken „impressionistischen", spekulativen und literarischen Ausrichtung der letzteren verbunden. Um dies zu untermauern, vergleichen sie die argentinische Erfahrung mit der brasilianischen, insbesondere mit der von São Paulo, wo eine neue Generation von Soziologen zur gleichen Zeit in

---

[12] Germanis Arbeiten über den argentinischen Modernisierungsprozess waren mit einer scharfen Wahrnehmung der Grenzen des Strukturfunktionalismus und der Modernisierungstheorie, wie sie vom „Norden" ausstrahlten, ausgestattet und mobilisierten, wie von einer wachsenden Zahl von Analysten festgestellt, einen originellen theoretischen Rahmen (Brasil Jr. 2013).

einen analogen Kampf mit lokalen Essayisten verwickelt war. In diesem Fall war der Austausch jedoch intensiver, weil die Essays viel stärker empirisch dokumentiert und daher für die Soziologen nützlicher waren. Auch der Bildungshintergrund spiele eine Rolle, da argentinische Essayisten autodidaktische Schriftsteller seien, die die akademische Welt verachteten, während ihre brasilianischen Kollegen an Universitäten ausgebildet worden seien und sogar Professoren seien (Jackson und Blanco 2014). Um die Unterschiede in den Auseinandersetzungen zwischen Soziologen und Essayisten in beiden Ländern zu verstehen, muss man jedoch die unterschiedlichen Mentoren der Soziologen in Betracht ziehen. Während in São Paulo die Finanzierung durch den Staat und lokale Geldgeber erfolgte und internationale Netzwerke nicht so wichtig waren (Blanco und Brasil Jr. 2018), wurde die „wissenschaftliche Soziologie" in Argentinien, wie wir gesehen haben, hauptsächlich von amerikanischen Stiftungen und anderen internationalen Institutionen finanziert. Auch wenn die Funktionäre ihren Empfängern nicht einfach ihre Agenda aufzwangen (Pereyra 2005), so trugen sie doch wesentlich dazu bei, die Tendenz zu verstärken, Ideen und Referenzen aus dem „Norden" zu importieren, anstatt sich auf lokale Quellen zu stützen. So stand jeder periphere intellektuelle Raum in der Spannung zwischen der Ermutigung zu größerer Offenheit zur Förderung von Innovation – auf die Gefahr hin, fremde Ideen unkritisch zu reproduzieren – oder Autonomie auf der Grundlage lokaler Denktraditionen – auf die Gefahr hin, dem „Provinzialismus" zu erliegen – und die Entscheidung war klar. Zweifellos förderte der Glaube an den universellen Charakter der sozialen Prozesse, die Argentinien und Lateinamerika beim Übergang zur „Moderne" betrafen – ein Prozess, bei dem der „Norden" weit voraus war – den massiven Import von Konzepten und Ideen (Ideen, die trotz ihres universellen Anspruchs zur Untersuchung anderer historischer Erfahrungen entwickelt worden waren).

Die von Germani und seinen Anhängern getroffene Unterscheidung zwischen Soziologie und Essayisten sollte die Sicht der Soziologen auf ihre Disziplin nachhaltig prägen. Nicht etwa, weil die Essayisten vernachlässigt worden wären. Im Gegenteil, wie wir im folgenden Kapitel sehen werden, wurden sie zu einer wichtigen Inspirationsquelle für eine neue Generation von Soziologen, die sich ihren Stil aneigneten und gleichzeitig auf Germani und seine Mitarbeiter reagierten. Die „wissenschaftliche Soziologie" stellte jedoch eine anhaltende Opposition zwischen den beiden Bereichen her, die als zwei Arten von Ansätzen mit wenig Gemeinsamkeiten dargestellt wurden.

Studentische Unzufriedenheit und die Schaffung einer alternativen institutionellen Basis

Die Erfahrung der „wissenschaftlichen Soziologie" an der UBA war zwar entscheidend, aber nicht von Dauer. Innerhalb weniger Jahre wurde Germani, der als intellektueller Innovator geschätzt worden war, von den meisten seiner Studenten abgelehnt. Von Anfang an war das Programm beliebt, und zwischen 1960 und 1966 schrieben sich jährlich durchschnittlich 440 Anfänger ein (Rodríguez Bustamante 1979). Dies wurde zunächst begrüßt, da Soziologie damit zum zweitattraktivsten Studiengang innerhalb des FFyL wurde (nach Psychologie). Doch die Popularität hatte ihren Preis, denn die ursprüngliche Forschungsorientierung des Studiengangs passte nicht gut zu überfüllten Klassenzimmern.

Eine der unmittelbarsten Auswirkungen des Wachstums war der Bedarf an einer Vielzahl von jungen Teilzeitlehrern mit niedrigem Status (García-Bouza und Verón 1967). Obwohl sie nicht besonders qualifiziert waren, da sie unter den frischen Hochschulabsolventen rekrutiert wurden, waren sie manchmal für einen ganzen Kurs verantwortlich. Die „praktische" Ausbildung im Forschungshandwerk wurde also nicht gern gesehen, obwohl Germani und seine Mitarbeiter auf ihre Bedeutung hinwiesen. Darüber hinaus stand die Notwendigkeit, die Studierenden mit einem erhöhten Lehrdeputat zu versorgen, der Schaffung von Vollzeitstellen mit Forschungsaufgaben entgegen, da die Ressourcen knapp waren. Und tatsächlich konnten einige derjenigen, die im Ausland promoviert hatten, nach ihrer Rückkehr keine Stelle an der UBA finden (A. Germani 2008).

Noch wichtiger ist jedoch, dass die wachsende Zahl von Studenten einen fruchtbaren Boden für Meinungsbildung und Aktivismus bot. Wie in anderen lateinamerikanischen Ländern führte die kubanische Revolution von 1959 – die erste Revolution in spanischer Sprache – zu einem starken Impuls für die Entwicklung einer „neuen Linken", die ihre Hauptbasis im universitären und intellektuellen Bereich hatte (siehe nächstes Kapitel). Während eine radikale Konzeption des sozialen Wandels unter der Jugend immer mehr an Popularität gewann, war eine distanzierte soziologische Orientierung, in der die Disziplin als wertneutral dargestellt wurde, zunehmend fehl am Platz. Das Ideal einer „objektiven" Wissenschaft wurde verächtlich als „Szientismus" bezeichnet, ein abwertender Begriff, der eine konservative Ausrichtung implizierte (Sigal 1991). Der internationale Aufstieg des Marxismus in den intellektuellen Zentren der Großstädte war zusammen mit den ersten Krisen des Strukturfunktionalismus, mit dem Germani und seine Mitarbeiter von den Studenten identifiziert wurden, entscheidend. „Stoppt den abstrakten Empirismus" war in der Tat die Hauptparole eines Streiks, den die Studenten gegen die Lehre der Mainstream-Methodologie erklärten. Sie wollten die „dialektische Methodik" lernen, und zwar mit Nachdruck. Aber dieser Streik war nur eine Episode einer zunehmenden Aggressivität, die eine ganze Reihe kleinerer, aber heimtückischer Aktionen umfasste (wie das Ausschalten des Lichts im Klassenzimmer, wenn ihnen der Dozent nicht gefiel, oder das Lesen der Zeitung vor den Augen ihrer Lehrer). Germani war sich bewusst, dass studentischer Aktivismus kein ausschließlich lokales Phänomen war. Das Problem innerhalb der UBA sei jedoch, dass diese Institution keine Quoten festlege und, was noch schlimmer sei, den Studenten einen großen Anteil an der Macht innerhalb der staatlichen Organe verleihe, eine Macht, die mit der der Professorenschaft konkurrieren könne (A. Germani 2008). In dieser Situation begannen sich in den Dekanats- und Vorstandssitzungen streng akademische Themen (wie Berufungen, Budgets und Kurse) offen mit ideologischen Debatten über lokale und internationale Angelegenheiten (vom Wesen des Peronismus bis zur Lage in Vietnam) zu vermischen, was zumindest im Fall der Studentenvertreter in der Regel formelle Erklärungen der Fakultät erforderte (Buchbinder 1997).[13]

---

[13] Das Bewusstsein für die zunehmende Verbreitung der Polemik unter den Studenten wurde noch deutlicher, als bekannt wurde, dass einer der Anführer des „Methodenstreiks" 1965 bei einer katastrophalen (und unvorbereiteten) Guerillakampagne im Norden des Landes getötet worden war.

Angesichts eines zunehmend feindseligen Publikums griff Germani auf eine eingefleischte Gewohnheit unter argentinischen Wissenschaftlern zurück und engagierte sich für die Schaffung einer inoffiziellen und alternativen akademischen Organisation, die vor politischer Volatilität und studentischer Rebellion geschützt werden konnte. Die neue Einrichtung, das Zentrum für vergleichende Soziologie (CSC), wurde 1963 gegründet und sollte als Plattform dienen, über die ausländische Mittel weitergeleitet und Soziologen angeworben werden konnten, die nach Abschluss ihrer Promotion aus dem Ausland kamen. Das CSC war im Institut Torcuato Di Tella (ITDT) untergebracht, einer neu gegründeten Einrichtung, die nach dem Vorbild der US-amerikanischen Philanthropie versuchte, die lokalen Wissenschaften und Künste zu fördern. In den Augen seiner Gründer würden kulturelle Aktivitäten unsicher bleiben, wenn sie ausschließlich von der (instabilen und schwachen) staatlichen Finanzierung abhingen und, schlimmer noch, deren ideologischer Kontrolle unterlägen. Während die Infrastruktur von einem lokalen Unternehmen bereitgestellt wurde, stammte der Großteil der Mittel für die Sozialforschung von der Rockefeller- und der Ford-Stiftung (Berger und Blugerman 2017). Die Arbeitsbedingungen waren außerordentlich attraktiv und unterschieden sich sowohl in Bezug auf die Löhne als auch auf die Infrastruktur kaum von denen, die junge Soziologen an amerikanischen Eliteuniversitäten vorfanden. Jeder Forscher hatte sein eigenes Büro und sogar einen persönlichen Assistenten sowie reichlich Geld, um Feldforschung zu betreiben (Wainerman 2015).

Die Gründung einer wissenschaftlichen Zeitschrift im Jahr 1965, der *Revista Latinoamericana de Sociología (RLS)*, verlieh dem CSC eine bedeutende internationale Sichtbarkeit, da diese Zeitschrift zu einer der einflussreichsten in Lateinamerika wurde. Das neue Institut war so gut vernetzt, dass es 1964 eine große internationale Veranstaltung zum Thema „Vergleichende soziologische Forschung in Entwicklungsländern" ausrichtete, die vom Internationalen Rat für Sozialwissenschaften (ISSC) und der UNESCO gefördert wurde. Mehr als fünfzig renommierte Wissenschaftler aus achtzehn Ländern nahmen an der Konferenz teil (darunter Seymour Lipset, Kingsley Davis, Irwing Horowitz, Kalman Silvert, Johan Galtung, Peter Heintz, Alain Touraine und Fernando Henrique Cardoso) (A. Germani 2008).

Dieses Treffen zeugte von der bemerkenswerten Anerkennung der „wissenschaftlichen Soziologie", wie sie sich in Argentinien seit 1955 entwickelt hatte. Die Tatsache, dass sie außerhalb der UBA stattfand, deutete jedoch auf eine konfliktreiche Differenzierung innerhalb des lokalen soziologischen Feldes hin, in dem die Soziologen, die eine distanzierte Version der Disziplin vertraten, von den meisten Studenten zunehmend abgelehnt wurden. Auch wenn die UBA Germani und seinen Mitarbeitern anfangs eine prominente Plattform bot, von der aus sie ihre Untersuchungen vorantreiben und ihnen sogar eine beachtliche öffentliche Sichtbarkeit verschaffen konnten (da die Journalisten sehr aufmerksam auf die neuesten Nachrichten aus der wichtigsten nationalen Universität reagierten), so richtete sich die Massenausbildung, wie sie innerhalb dieser Institution stattfand, bald gegen ihre wichtigsten Vorstellungen von der Disziplin und der Art und Weise, wie die neue Generation ausgebildet werden sollte. Daher verließ Germani Argentinien noch vor einem neuen Putsch, der 1966 eine weitere Säuberung an den öffentlichen Universitäten auslöste, um seine Karriere am Department of Social Relations der Harvard University fortzusetzen.

Literatur

Abarzua Cutroni, Anabella. 2012. The first UNESCO experts in Latin America (1946–1958). In *The politics of academic autonomy in Latin America*, Hrsg. Fernanda Beigel. Farnham: Ashgate.

Altamirano, Carlos. 2004. Entre el naturalismo y la psicología: el comienzo de la ‚ciencia social' en la Argentina. In *Intelectuales y Expertos. La constitución del conocimiento social en la Argentina*, Hrsg. Federico Neiburg und Mariano Plotkin, 395. Buenos Aires: Paidós.

Berger, Gabriel, und Leopoldo Blugerman. 2017. *La Fundación Ford en la Argentina. Cinco décadas de inversión social privada al servicio del desarrollo y de la protección y ampliación de los derechos humanos*. Victoria: UDESA.

Blanco, Alejandro. 2005. La Asociación Latinoamericana de Sociología: una historia de sus primeros congresos. *Sociologias* 14: 22–49. https://doi.org/10.1590/s1517-45222005000200003.

———. 2006. *Razón y modernidad. Gino Germani y la sociología en la Argentina*. Buenos Aires: Siglo XXI.

Blanco, Alejandro, und Antonio Brasil. 2018. A circulação internacional de Florestan Fernandes. *Sociologia & Antropologia* 8(1): 69–107.
Blanco, Alejandro, und Ariel Wilkis. 2018. The internationalization of sociology in Argentina 1985-2015: Geographies and trends. In *The social and human sciences in global power relations*, Hrsg. Johan Heilbron, Gustavo Sorá und Thibaud Boncourt, 371. Basingstoke: Palgrave Macmillan.
Brasil, Antonio. 2013. *Passagens para a teoria sociológica: Florestan Fernandes e Gino Germani*. São Paulo: Hucitec.
Buchbinder, Pablo. 1997. *Historia de la Facultad de Filosofía y Letras*. Buenos Aires: Eudeba.
Celarent, Barbara [Andrew Abbott]. 2011. Review of Facundo by Domingo Faustino Sarmiento. *American Journal of Sociology* 117(2): 716–723.
CFI. 1962. Memoria del Consejo Federal de Inversiones. *Desarrollo Económico* 2(1): 199–205.
Cordeiro, Veridiana Domingos, und Hugo Neri. 2019. *Sociology in Brazil: A brief institutional and intellectual history*. Basingstoke: Palgrave Pilot.
Cuevillas, Fernando. 1950. Primera Reunión Nacional de Sociología Argentina. *Revista de Estudios Políticos* 54:178–197.
Dujovne, Alejandro. 2016. La máquina de traducir. Eudeba y la modernización de las Ciencias Sociales y Humanas, 1958–1966. *Papeles de Trabajo* 10(18): 123–144.
García-Bouza, Jorge, und Eliseo Verón. 1967. Epílogo de una crónica: la situación de la sociología en Argentina. *Revista Latinoamericana de Sociología* 3(1): 91–94.
Garretón, Manuel Antonio, Miguel Murmis, Gerónimo de Sierra, und Hélgio Trindade. 2005. Social sciences in Latin America: A comparative perspective – Argentina, Brazil, Chile, Mexico and Uruguay. *Social Science Information* 44(2–3): 557–593. https://doi.org/10.1177/0539018405053297.
Germani, Ana. 2008. *Antifascism and Sociology. Gino Germani 1911–1979*. London: Transaction Publishers.
Germani, Gino. 1964. *La sociología en América Latina: problemas y perspectivas*. Buenos Aires: Eudeba.
———. 1968. *Política y sociedad en una época de transición*. Buenos Aires: Eudeba.
———. 1979. Departamento de Sociología: una etapa 1957–1962. *Desarrollo Económico* 19(74): 277. https://doi.org/10.2307/3466632.
———. 2006. Sociología y planificación. In *Gino Germani: La renovación intelectual de la sociología*, Hrsg. Alejandro Blanco, 107–122. Bernal: UNQ.
———. 2010. Una década de discusiones metodológicas en la sociología latinoamericana. In *Gino Germani. La sociedad en cuestión*, Hrsg. Carolina Mera und Julián Rebón, 324–345. Buenos Aires: IIGG-CLACSO.

Germani, Gino, und Jorge Graciarena. 1958. „Estudio preparado para el Seminario Latinoamericano Sobre Metodología de la Enseñanza y la Investigación, Organizado Por UNESCO, FLACSO y CLAPCS." Buenos Aires.

González Bollo, Hernán. 1999. *El nacimiento de la sociología empírica en la Argentina: El Instituto de Sociología, Facultad de Filosofía y Letras (UBA), 1940–54*. Buenos Aires: Dunken.

Graciarena, Jorge, und Ruth Sautu. 1961. La investigación de estratificación y movilidad social en el Gran Buenos Aires. *Boletim do Centro Latino-Americano de Pesquisas em Ciências Sociais* 4(4): 277–302.

Horowitz, Irving. 2008. Introduction: Sociologists from the other America. In *Antifascism and sociology*, Hrsg. Ana Germani, 13–23. New York: Routledge.

de Ímaz, José Luis. 1964. *Los que mandan*. Buenos Aires: Eudeba.

Jackson, Luiz Carlos, und Alejandro Blanco. 2014. *Sociologia no Espelho. Ensaístas, cientistas sociais e críticos literários no Brasil e na Argentina (1930–1970)*. São Paulo: Editora34.

Janos, Andrew C. 1963. Research letter from Argentina. *American Behavioral Scientist* 6(5): 13–14. https://doi.org/10.1177/000276426300600506.

Kirtchik, Olessia, und Mariana Heredia. 2015. Social and behavioral sciences under dictatorship. In *International Encyclopedia of the Social Sciences*, 2. Aufl., 139–146. San Diego: Elsevier.

Kratochwill, Germán. 1970. Estado actual de las ciencias sociales en la Argentina. *Revista Latinoamericana de Sociología* 4(1): 167–176.

Morales Martín, Juan Jesús. 2013. Entrecruzamientos en el Instituto de Sociología de la Universidad de Buenos Aires (1955–1965) y sus derivaciones: movilidad académica y Latin American Studies. In *I Jornadas de Sociología UNCuyo*. Mendoza.

Neiburg, Federico. 1998. *Los intelectuales y la invención del peronismo*. Buenos Aires: Alianza.

Pereyra, Diego. 2005. *International networks and the institutionalisation of sociology in Argentina (1940–1963)*. Sussex: University of Sussex.

Pereyra, Diego Ezequiel. 2008. Sociological textbooks in Argentina and Mexico, 1940–60. *Current Sociology* 56(2): 267–287. https://doi.org/10.1177/0011392107085035.

Rodríguez Bustamante, Norberto. 1979. Sociology and reality in Latin America: The case of Argentina. *International Social Science Journal* 31(1): 86–97.

Sidicaro, Ricardo. 1993. Reflexiones sobre la accidentada trayectoria de la sociología en la Argentina. *Cuadernos Hispanoamericanos* 517–519: 65–76.

Sigal, Silvia. 1991. *Intelectuales y poder en Argentina: La década del sesenta*. Buenos Aires: Puntosur.

Tortti, María Cristina, und Germán Soprano. 2004. Materiales para una historia de la sociología en la Argentina (1950–1970). Entrevista a Miguel Murmis. *Cuestiones de Sociología* 2:197–245.

Turner, Stephen. 2014. *American sociology. From pre-disciplinary to post-normal.* Basingstoke: Palgrave Pilot.

Verón, Eliseo. 1974. *Imperialismo, lucha de clases y conocimiento: 25 Años de sociología en Argentina.* Buenos Aires: Tiempo Contemporáneo.

Wainerman, Catalina. 2015. La trastienda de la investigación social. Acerca de la ‚ñata contra el vidrio'. *Ciencia e Investigación* 3(1): 110–123.

3

Expansion, Politisierung und die Entstehung einer „nationalen Soziologie" (1966–1974)

Zusammenfassung Obwohl 1966 eine neue Militärregierung eine ideologische „Säuberung" innerhalb der öffentlichen Universitäten vorantrieb, erwies sich die Politisierung als unaufhaltsam. Während die „wissenschaftliche Soziologie" in privaten Forschungsinstituten Unterschlupf fand und vor den Angriffen der Studenten geschützt war, entstand innerhalb der UBA eine neue Fraktion, die so genannten *cátedras nacionales* (nationale Lehrstühle). In einem plebejischen und kämpferischen Stil prangerten sie die Wertneutralität an und riefen die Soziologenkollegen dazu auf, Partei zu ergreifen, und zwar für die „nationale und soziale Befreiung", die sie in Argentinien mit dem Peronismus oder der „imperialen Herrschaft" gleichsetzten (revolutionäre Aufarbeitung). Werke von Mao Zedong, Ho Chi Minh, Bolivar und Perón wurden zu wichtigen intellektuellen Quellen für eine neue „nationale Soziologie", die ausdrücklich den von der „wissenschaftlichen Soziologie" vernachlässigten essayistischen Stil verteidigte. Die extreme Politisierung führte nicht nur zu einem Anstieg der Studentenzahlen, sondern auch zu erbitterten Kontroversen zwischen neuen und alten Fraktionen innerhalb der Disziplin. Hitzige Debatten drehten sich um Geldgeber, angewandte Soziologie und die mögliche Nutzung empirischer Informationen durch die „unterdrückerischen" Eliten und den Staat.

Eine Säuberung mit ungewollten Folgen

Im Jahr 1966 fand ein weiterer Militärputsch statt. Diesmal stellte sich die neue Regierung nicht als vorübergehend dar. Nach Ansicht von General Juan Carlos Onganía, dem neuen Präsidenten, erforderten die zunehmenden sozialen und wirtschaftlichen Unruhen sowie die angebliche Schwäche der Zivilregierungen eine dauerhafte autoritäre Herrschaft. Seiner Ansicht nach waren die Risiken nicht gering, seit die kubanische Revolution gezeigt hatte, dass der Kommunismus eine echte Bedrohung in Lateinamerika darstellte. Dementsprechend wurde der Kongress aufgelöst und politische Aktivitäten verboten. Die neuen Behörden, die sich stillschweigend an Francos Spanien orientierten, versprachen wirtschaftlichen Wohlstand und politische Stabilität als Ergebnis einer entwicklungsorientierten Politik und moralischer und sozialer Disziplin.

Es überrascht nicht, dass die Universitäten, die das Militär als Zentren der Subversion und Agitation betrachtete, zu den ersten Zielen gehörten. Autonomie und Selbstverwaltung wurden ebenso unterdrückt wie die Studentenvertretung. Nach der gewaltsamen Niederschlagung der Proteste an der UBA, wo einige Behörden und Studenten Gebäude besetzt hatten, folgte eine massive Rücktrittswelle innerhalb der Professorenschaft (Buchbinder 2004).[1] Obwohl der Fachbereich Soziologie mit am stärksten betroffen war – von den achtundzwanzig Professoren konnten nur vier bleiben (Kratochwill 1970) – wurde der Studiengang nicht geschlossen.[2] Während diejenigen, die sich mit der „wissenschaftlichen Soziologie" identifizierten, entfernt wurden (und in privaten Forschungsinstituten wie dem CSC Unterschlupf finden mussten), wurden die Lehraufträge an eine gemischte Gruppe von katholischen und konservativen Wissenschaftlern vergeben, die den neuen Universitätsbehörden nahestanden. Bei einigen handelte es sich um *sociólogos de cátedra*, die die

---

[1] Mehr als 1300 UBA-Professoren verließen das Land oder wurden entlassen (Buchbinder 2004).

[2] Da die „wissenschaftliche Soziologie" in der internationalen soziologischen Gemeinschaft gut vernetzt war, blieben die Ereignisse nicht unbemerkt. Im Rahmen des Kongresses der International Sociological Association (ISA) in Evian wurde ein Telegramm an den neuen argentinischen Präsidenten gerichtet, in dem die Elite der internationalen Soziologie ihn aufforderte, sein Handeln zu überdenken. Das Schreiben wurde unter anderem von Richard Bendix, Seymour Lipset, Talcott Parsons, Edward Shills, Raymond Aron, Samuel Eisenstadt und Gino Germani unterzeichnet (García-Bouza und Verón 1967).

neue politische Situation nutzten, um in einem zuvor „gesperrten Bereich" Fuß zu fassen; andere hatten noch nicht einmal einen nennenswerten Leistungsnachweis innerhalb der Disziplin. In den Augen der Militärs sollte die Einstellung von Mitarbeitern, die die neue Regierung unterstützten, zusammen mit der ständigen Überwachung durch Polizeibeamte ausreichen, um die „pädagogische Ordnung" wiederherzustellen.

Während die Studenten und Dozenten (denen es gelungen war, die Säuberungen zu überleben) die neuen Mitarbeiter, die sie als „Regime-Soziologen" bezeichneten, im Allgemeinen nicht gerade herzlich willkommen hießen, gab es zwei Neuankömmlinge, die sie bald ansprechen sollten: Justino O'Farrell (1924–1981), ein Priester, der an der Universität von Kalifornien Soziologie studiert hatte, und Gonzalo Cárdenas (1936–1985), ein an der Universität von Louvain ausgebildeter Sozialhistoriker. Diese Wissenschaftler hatten an der Päpstlichen Katholischen Universität von Argentinien (UCA) Soziologie gelehrt und waren in der wachsenden Fraktion innerhalb des lokalen Katholizismus aktiv, die sich nach dem Zweiten Vatikanischen Konzil nach links bewegte. Zur Überraschung aller kritisierten O'Farrell und Cárdenas nicht nur die neue Regierung, sondern stellten auch den Funktionalismus als „konservatorische" und „imperialistische" Theorie in Frage. Da sich ihre Kurse großer Beliebtheit erfreuten und sich vervielfachten (im Gegensatz zu den Kursen konservativerer Kollegen) und immer mehr Dozenten rekrutiert wurden, um der Nachfrage der Studenten gerecht zu werden, bildete sich eine neue Fraktion in der lokalen Soziologie heraus: die selbsternannten *cátedras nacionales* (nationale Lehrstühle). Diese Gruppierung war Ausdruck eines umfassenderen Radikalisierungsprozesses, der trotz der Bemühungen der Militärs auf den intellektuellen und kulturellen Bereich einwirkte. Die Unterdrückung der politischen Parteien lähmte nicht nur die politischen Aktivitäten und Unruhen, sondern trug auch zur Politisierung anderer Institutionen und Bereiche bei. Infolgedessen schlossen sich eine Vielzahl von Malern, Schauspielern, Wissenschaftlern, Schriftstellern und Sozialwissenschaftlern zunehmend zusammen, um das Primat der Politik zu verteidigen und jeden „professionellen" Status dem reinen Aktivismus unterzuordnen (Sigal 1991). Für viele Soziologen, die sich mit den *cátedras nacionales* identifizierten, erschienen intellektuelle Helden wie C. Wright Mills allmählich als überholt und wurden durch andere ersetzt, die sich in „echter" Aktion engagiert hatten. Zu den berühmtesten gehörten der französische Revolutionsaktivist Frantz Fanon (1925–1961), dessen 1963 auf Spanisch veröffentlichtes Werk *Die Elenden der Erde* als Bibel gepriesen wurde, und der kolumbianische Soziologe Camilo Torres (1929–1966), ein Priester, der beschlossen hatte, die „wissenschaftliche Soziologie" aufzugeben, um für die aufständische Guerilla zu kämpfen (und zu sterben).

Alles ist politisch

Das Markenzeichen der *cátedras nacionales* war die Politisierung. Für sie waren die gewöhnlichsten „akademischen" Aufgaben, wie konzeptionelle Kontroversen, Lehrstrategien oder Entscheidungen über die Personalausstattung von Abteilungen, alle im Wesentlichen und überwiegend „politisch" und sollten auch als solche behandelt werden. Für sie gab es keine „objektive Realität", aus der Wissenschaftler ihre Daten beziehen sollten, um ihre Argumente darauf aufzubauen; die „soziale Realität" war in Wirklichkeit das (wechselnde) Produkt der Kämpfe kollektiver Subjekte („Klassen" und „Nationen"); und da weder Autonomie noch Neutralität möglich waren, drängte es die Soziologen, Partei zu ergreifen: entweder waren die Soziologen für die „nationale und soziale Befreiung" oder dagegen. Wissen war notwendig, um zu handeln, aber gegen das, was sie verächtlich als „Illuminismus" bezeichneten, behaupteten sie, dass es nicht das Produkt der Arbeit von Sozialwissenschaftlern sei, sondern organisch aus dem „Volk" und den „Armen" in ihren „Kämpfen für die Befreiung" entstehe. Wie Roberto Carri (1940–1977), einer der produktivsten Autoren dieser Fraktion, erklärte, sei die Soziologie als losgelöste Wissenschaft nicht mehr als eine „Nebelwand, die die politische Abhängigkeit jedes sozialen Phänomens verbirgt" (Carri 1968b).

Ob gewollt oder nicht, jeder Soziologe und jede lokale Denkströmung war somit parteiisch, und es war die Aufgabe der *cátedras nacionales*, zu zeigen, auf welcher Seite sie standen. So wurden Germani und seine Anhänger als „konservativ" und intellektuell abhängig denunziert, weil ihr „funktionalistischer" Ansatz den Konflikt vernachlässigte, während die marxistisch inspirierten Soziologen wegen ihres angeblich „dogmatischen" (und in der Tat „importierten") Ansatzes abgelehnt wurden, der sie daran hinderte zu erkennen, dass in Ländern der „Dritten Welt" wie Argentinien der Hauptwiderspruch, der für die soziale Dynamik verantwortlich ist, nicht der zwischen Kapitalisten und Arbeitern war, sondern der zwischen imperialen (namentlich den Vereinigten Staaten) und ausgebeuteten Nationen.[3] Für die *cátedras* dienten also beide Fraktionen trotz ihrer Unterschiede gleichermaßen dem *Status quo*, da sie „antinationale" Soziologien waren. Und schlimmer noch, sie waren „antiperonistische" Soziologien.

Tatsächlich wurde die Kritik der *cátedras nacionales* nicht aus einer vagen linksnationalistischen Haltung heraus vorgetragen. Ganz im Gegenteil: Einer breiteren Tendenz innerhalb des linken Aktivismus und des intellektuellen Feldes in Argentinien folgend, waren ihre Mitglieder begeisterte Peronisten geworden, die ihre Arbeit an den Universitäten als Teil einer größeren Bewegung präsentierten – die zu dieser Zeit Arbeiter, Gewerkschaften und eine wachsende Zahl junger Aktivisten umfasste – und gegen die Militärregierung kämpften, um den im Exil lebenden Führer an die Macht zurückzubringen.[4] Für sie war es keine Frage, dass Soziologen an einem radikalen sozialen Wandel und der Beendigung der Unterdrückung mitwirken wollten: „Das Engagement in den Volks- und antiimperialistischen Kämpfen in der gegenwärtigen Situation unseres Landes […] muss innerhalb der nationalen peronistischen Bewegung unter der Leitung des Führers des argentinischen Volkes, General Juan Domingo Perón, erfolgen" (Carri et al. 1970). Einige, wie Cárdenas, gingen sogar so weit zu sagen, dass der Peronismus, ähnlich wie das Proleta-

---

[3] Außerdem hatten sich die Chancen der Revolution vom „Norden" in den „Süden" verlagert, da die Arbeiter in den Industrieländern keine Revolutionäre mehr waren, da sie in die Konsumgesellschaft integriert und, schlimmer noch, zu Partnern der imperialistischen Unterdrückung geworden waren (Carri 1968a).

[4] Die Entstehung einer „neuen Linken" in Argentinien war mit einer allgemeinen Neubewertung des Peronismus verbunden, bei der die traditionellen Ansichten, die ihn als eine lokale Version des Faschismus darstellten, durch andere ersetzt wurden, die ihn, ausgehend von Peróns nationalistischer Ader und seiner Verteidigung der Arbeiterrechte, als Teil der nationalen Befreiungsbewegungen darstellten, die sich nach dem Zweiten Weltkrieg ausbreiteten. Das dauerhafte (und überraschende) Festhalten der Arbeiter an Perón, selbst als seine politische Fraktion verboten wurde, widerlegte die Illusionen der linken Aktivisten und Intellektuellen über eine Hinwendung der lokalen Proletarier zum Sozialismus. Diese Situation war eine wichtige Triebfeder für ihre neue Einstellung zum Peronismus.

riat und der Marxismus im Europa des 19. Jahrhunderts, einen neuen „erkenntnistheoretischen Ansatz" bieten könnte, der, wenn auch unsystematisch, ein Ausgangspunkt für eine tatsächliche kritische und nicht abhängige Soziologie sein könnte (Cárdenas 1969). Wie man sieht, war der Abstand zur „wissenschaftlichen Soziologie" so groß, dass der Peronismus in diesem Fall nicht mehr als Studienobjekt für die Disziplin diente, sondern als günstige Ausgangsposition für die Wissensproduktion. Die *cátedras nacionales* fühlten sich als Teil einer revolutionären Bewegung und scheuten sich nicht, dies zu behaupten: eine „Sozialwissenschaft des Volkes" war angesagt. Es überrascht daher nicht, dass die obligatorische Kursliteratur neben einigen traditionelleren Stoffen mit Werken von Simón Bolívar, Lenin, Mao Zedong, Ho Chi Minh und natürlich Perón bestückt wurde.

Wie man sieht, wurden die Zäune, die die „wissenschaftliche Soziologie" mühsam errichtet hatte, um sich eine Nische zu sichern, innerhalb weniger Jahre niedergerissen. Natürlich war das breite Klima der Politisierung, das die intellektuellen Kreise und die Universitäten erfasste, ein wichtiger Faktor in dieser Geschichte. Die andere war der wachsende Einfluss einer immer größer werdenden Studentenschaft. Waren es zwischen 1967 und 1969 noch 500 neue Studenten pro Jahr, so stieg die Zahl bis 1970 auf 1000 an (Rodríguez Bustamante 1979). Als Reaktion darauf förderten die *cátedras nacionales* mehr horizontale Klassen und „kollektive Prüfungen", während sie den Fachjargon ausdrücklich als „elitär" ablehnten. Wie Rubinich feststellte, konnte „die Beziehung zu Gleichaltrigen weniger wichtig sein als die Anerkennung durch die Masse der Studenten" (Rubinich 1999, S. 67). Und in der Tat war die Erfüllung der Erwartungen der Studenten von grundlegender Bedeutung für die Sicherung ihrer Nische innerhalb der UBA, da die Autoritäten der Fakultät, die auf der Linie der nationalen Regierung lagen, die Radikalität der *cátedras nacionales* sicherlich nicht mochten.[5] Als die Behörden der UBA 1971 schließlich einen offenen Wettbewerb um die Lehrstellen (*concursos docentes*) einführten, der zur Entlassung der Mitglieder der *cátedras nacio-*

---

[5] Die Studenten waren auch als Leser der Zeitschriften wichtig, in denen sie ihre Ideen kanalisierten. Zeitschriften wie *Antropología del 3er Mundo* oder *Envido* wurden im Gegensatz zu den Veröffentlichungen der „wissenschaftlichen Soziologie", die auf externe Finanzierung angewiesen waren, vollständig von ihren Nutzern getragen.

nales führen konnte, veröffentlichten sie eine Erklärung, in der sie, weit davon entfernt, die Autorität des Dekans und der Auswahlkommission, die die Kandidaten für die Stellen bewerten sollte, anzuerkennen, ihre Studenten (zusammen mit der peronistischen Bewegung) als die einzigen „legitimen Richter" ihrer Arbeit präsentierten (Carri et al. 1970). Dementsprechend weigerten sich die meisten Mitglieder der *cátedras nacionales*, an dem Wettbewerb teilzunehmen und verloren folglich ihre Posten. Nur O'Farrell und Carri entschieden sich für die Teilnahme. Im ersten Fall wurde der Wettbewerb für ungültig erklärt, obwohl O'Farrell der einzige Kandidat war; im zweiten Fall lehnte der Ausschuss Carri ab und wählte einen anderen Kandidaten[6] (Burgos 2004).

Auch wenn eine traditionelle akademische Laufbahn keine einfache Option war, wurde die Wahl einer politischen Karriere für diese Soziologen immer attraktiver, je mehr sich das allgemeine politische Klima änderte und eine Rückkehr des Peronismus an die Macht immer wahrscheinlicher wurde. Und in der Tat beschloss das Militärregime unter dem Druck unaufhaltsamer sozialer Unruhen, des Aufkommens von Guerillakriegen in Städten und auf dem Land und einer Reihe größerer Aufstände in verschiedenen Städten, die Demokratie wiederherzustellen und die peronistische Partei an den Wahlen teilnehmen zu lassen. In einer scheinbar vorrevolutionären Situation war die Rückkehr Peróns für die Militärs überraschend akzeptabel geworden, und 1973 wurde der altgediente Führer schließlich gewählt. Der enthusiastische Aktivismus der *cátedras nacionales* sollte nicht unbelohnt bleiben. Als die neue Regierung eine selbsternannte „Kulturrevolution" an den Universitäten förderte, wurden sie aufgefordert, ihre Aufgaben im Fachbereich Soziologie wieder aufzunehmen. So konnten viele Mitglieder der *cátedras nacionales* nach einer erneuten Säuberung auf ihre Posten an der UBA zurückkehren, die nun in „Nationale und Volksuniversität von Buenos Aires" umbenannt wurde. Darüber hinaus wurden einige von ihnen in wichtige Führungspositionen berufen. O'Farrell wurde zum Dekan der Philosophischen Fakultät ernannt, was von den Studenten freudig gefeiert wurde; andere wurden Leiter von Abteilungen und neuen Instituten.

---

[6] Der Ausschuss entschied sich für Juan Carlos Portantiero, einen recht angesehenen marxistischen Soziologen (siehe Kap. 5).

Wie zu erwarten war, folgte eine Pollizisierung, die ihren Höhepunkt erreichte, als viele hochrangige peronistische Aktivisten (von rebellischen Militärs und Filmemachern bis hin zu altgedienten Politikern), die keine besonderen Erfahrungen in diesem Fachgebiet hatten, als neue Professoren an der Fakultät für Soziologie eingestellt wurden. Während die Zahl der neuen Studenten 1974 um 50 % auf 1500 anstieg (Rodríguez Bustamante 1979), drängten sich in den Klassenzimmern zahlreiche Aktivisten, die nicht daran interessiert waren, ein Diplom zu erwerben, sondern sich von den Debatten angezogen fühlten, die in einer Institution stattfanden, die sich eindeutig dem sozialen Wandel verschrieben hatte. Natürlich hatte dieses breitere Publikum seinen Preis: Die Soziologie als autonomes intellektuelles Unternehmen war endgültig in der Politik aufgegangen. Diese Erfahrung war jedoch nur von kurzer Dauer. Nach dem Tod Peróns im Jahr 1974 wurden die rechtsextremen Verbündeten seiner (Sammel-)Koalition in der Regierung stärker und förderten eine gewaltsame ideologische „Säuberung" an den Universitäten, zu der auch Morde[7] und terroristische Anschläge gehörten. Es überrascht nicht, dass der Studiengang Soziologie geschlossen wurde.

Marxistische Soziologie und die Kontroverse über „imperiale" Finanzierung

Die „wissenschaftliche Soziologie" blieb im Allgemeinen gleichgültig gegenüber den Angriffen der *cátedras nacionales*. Sie arbeiteten in privaten Forschungsinstituten wie dem CSC, das nach der jüngsten Intervention in der UBA an Bedeutung gewann, und richteten sich vor allem an ihre Kollegen in Argentinien und im Ausland sowie an die Stiftungen, die ihre Arbeit finanzierten. Ihre Arbeit wurde vor allem in Form von Forschungsberichten und Veröffentlichungen in Zeitschriften wie der *Revista Latinoamericana de Sociología (RLS)* kanalisiert. Diese Soziologen nutzten ihre internationalen Verbindungen und veröffentlichten auch in ausländischen Zeitschriften. Im Allgemeinen vertraten sie weiterhin eine

---

[7] Silvio Frondizi, ein angesehener marxistischer Intellektueller, der an der Fakultät für Soziologie lehrte, wurde ermordet.

scharfe Trennung zwischen „Wissenschaft" und „Ideologie" sowie die empirische Forschung als Maßstab für gute Soziologie. Während sie äußerst attraktive Arbeitsbedingungen genossen, betrachteten sie die von den *cátedras nacionales* geförderte Politisierung als eine Form der intellektuellen „Barbarei".

Doch zwischen der „wissenschaftlichen Soziologie" und den *cátedras nacionales* gab es noch eine dritte – und vermittelnde – Fraktion. Sie definierte sich als „marxistische Soziologie" und rechtfertigte das politische Engagement, während sie die „Wissenschaft" als etwas anderes und nicht auf die Politik Reduzierbares befürwortete. Die Mitglieder der *cátedras nacionales*, so räumten sie ein, hätten Recht, wenn sie Wertneutralität als Deckmantel für Konservatismus ablehnten, da in Klassen- und Unterdrückungsgesellschaften keine Neutralität möglich sei. Eliseo Verón (1935–2014), ein junger Soziologe, der in Frankreich bei Claude Lévi-Strauss promoviert hatte, vertrat jedoch die Ansicht, dass man das Kind nicht mit dem Bade ausschütten müsse: Empirisch-systematische Forschung und internationale Mainstream-Soziologie seien wesentliche Elemente, um eine echte Wissenschaft „im Dienste des Sozialismus" zu schaffen (Verón 1974, S. 42). Zweideutige Haltungen wie diese entsprangen dem Versuch, sich gleichzeitig an den immer stärker voneinander abweichenden Spielen zu beteiligen, die das lokale soziologische Feld auszeichneten: Professionalisierung und Politisierung. Viele marxistische Soziologen hatten, wie auch die Mitglieder der „wissenschaftlichen Soziologie", im Ausland studiert, bedeutende Netzwerke mit internationalen Institutionen und Kollegen aufgebaut und waren in privaten Forschungsinstituten tätig. Gleichzeitig strebten sie, wie auch die Mitglieder der *cátedras nacionales*, danach, sich in der wachsenden Studentenschaft und in dem sich radikalisierenden intellektuellen Umfeld einen Namen zu machen. Ihre Publikationsstrategien sind in dieser Hinsicht recht aufschlussreich: Sie leisteten zwar Beiträge für lokale und ausländische wissenschaftliche Zeitschriften, waren aber auch in der breiten Palette der politischen und kulturellen linken Zeitschriften aktiv, die in den 1960er-Jahren aufblühten (Sigal 1991). Sie wollten „global publizieren", ohne „lokal unterzugehen", und umgekehrt (Hanafi 2011). Doch die zunehmende Differenzierung der institutionellen Grundlagen und

Wege führte zu einer Differenzierung der soziologischen Praktiken und Ansichten darüber, was die Disziplin sein sollte.

Die erbittertsten Auseinandersetzungen zwischen der marxistischen Soziologie und den *cátedras nacionales* drehten sich um die Frage der ausländischen Finanzierung. Eine Studie, das so genannte „Marginality Project", löste 1968 eine große Kontroverse aus. Die Kontroverse ging weit über den lokalen soziologischen Bereich hinaus, rief viele Intellektuelle außerhalb der Soziologie auf den Plan und fand ihren Widerhall in so einflussreichen lateinamerikanischen linken Blättern wie der kubanischen *Granma* und der uruguayischen *Marcha*. Das von der Ford Foundation finanzierte Projekt hatte zum Ziel, die Lebensbedingungen und politischen Orientierungen der Armen und Bedürftigen in verschiedenen Ländern Lateinamerikas zu untersuchen. Die Idee des Geldgebers war es, empirische Informationen zu gewinnen, die den Regierungen helfen könnten, mit den Menschen umzugehen, die in den wachsenden städtischen Elendsvierteln oder in sehr rückständigen (fast feudalen) ländlichen Gebieten leben. Geld war kein Problem: Das anfängliche Budget belief sich auf rund 200.000 Dollar, wurde jedoch teilweise reduziert, als zwei Gastinstitute ausschieden.[8] Der Direktor war José Nun (1936-), ein junger Soziologe, der in Frankreich an der Science Po promoviert hatte und später als Gastprofessor an der Fakultät für Politikwissenschaft der Universität von Kalifornien tätig war. Doch während er internationale Verbindungen pflegte und sich einen bedeutenden akademischen Ruf erwarb, blieb Nun im lokalen intellektuellen Bereich aktiv, wo er sich dank seiner Beiträge in äußerst populären Zeitschriften für marxistische Aktivisten einen Namen als kritischer und „sozialistischer" Soziologe gemacht hatte.

Die Kontroverse um das Projekt (und der Vorwurf des imperialistischen Einflusses) war nicht unvorhersehbar. Einerseits war die Studie über die ausgegrenzten Bevölkerungsgruppen, von denen viele unter dem Einfluss des Guevarismus, Fanonismus und Maoismus einen Aufstand erwarteten, sicherlich ein heikles Thema. Zur Veranschaulichung dieses

---

[8] Dabei handelte es sich um das Zentrum für wirtschaftliche und soziale Entwicklung und das Lateinamerikanische und Karibische Institut für Wirtschafts- und Sozialplanung (DESAL und ILPES).

Punktes sei darauf hingewiesen, dass Roberto Carri 1968 einen Bestseller über die Abenteuer eines „sozialen Banditen" veröffentlichte, der seinen Lebensunterhalt mit der Entführung von Landbesitzern und Banküberfällen in einer rückständigen Provinz verdiente. Er wurde so lange verfolgt, bis er schließlich in einen Hinterhalt geriet, konnte sich aber dank der Unterstützung der armen und verarmten Bauern, die ihn, so Carri, als „sozialen Rächer" lobten, mit der örtlichen Polizei auseinandersetzen. Solche Ereignisse, die von den traditionellen proletarisch orientierten linken Parteien und Intellektuellen ignoriert worden waren, waren für Carri von großer Bedeutung, da in seinen Augen das revolutionäre Potenzial der städtischen Arbeiter durch die Sozialpolitik und die reformistischen Gewerkschaften untergraben wurde. Der Funke, der die Revolution entfachte, war nun ins Landesinnere gewandert und befand sich unter denjenigen, die zwar noch kein klares politisches Bewusstsein hatten, aber Opfer der gröbsten Formen der Unterdrückung waren und somit das neue „totale Proletariat" bildeten (Carri 1968a).[9] Andererseits, und das ist vielleicht noch wichtiger, wurde das Marginality Project kurz nach dem Skandal um das Camelot Project ins Leben gerufen, der die Beteiligung der US-Geheimdienste und des Verteidigungsministeriums an der Förderung der Sozialwissenschaften und der Finanzierung eines Programms zur Vorhersage und Kontrolle des Auftretens von internen Konflikten und Aufstandsbewegungen in Ländern in Randlage aufdeckte.[10] In der Tat war es dieser besondere Kontext, der die ansonsten merkwürdige Auswahl eines jungen Soziologen wie Nun, der keine Erfahrung mit „großen Studien" und Managementaufgaben hatte, begründete. Für die Ford-Beamten war die Einstellung eines marxistischen Wissenschaftlers eine Möglichkeit, dem „Camelot-Syndrom" zu begegnen (Plotkin 2015).

Es dauerte nicht lange, bis die Vorwürfe der „soziologischen Spionage" laut wurden. Weder der marxistische theoretische Rahmen und der Jar-

---

[9] Das Buch wurde in einer kleinen Druckerei veröffentlicht, die zwei peronistischen und aktivistischen Anwälten gehört.

[10] Dieses 1964 gestartete und mit mehr als sechs Millionen US-Dollar ausgestattete Programm wurde heimlich vom Pentagon und dem US-Verteidigungsministerium finanziert. Nach Anprangerungen und einem großen öffentlichen Skandal wurde das Projekt abgebrochen, aber seine Auswirkungen blieben bestehen (Navarro 2011).

gon der Studie noch Nuns detaillierte Darstellung der Autonomiebedingungen, die er den Gebern auferlegt hatte,[11] beschwichtigten seine Kritiker. Zwar räumte er ein, dass die US-Finanzierung ein „integraler Bestandteil einer globalen Strategie der imperialen Durchdringung" (Nun 1969b) sei, doch versuchte Nun im Grunde zu beweisen, dass er die US-Finanzierung auf machiavellistische Weise nutzte, um die US-Herrschaft anzuprangern und den Imperialismus in Frage zu stellen. Schließlich, so betonte er, „schrieb Marcuse den *Eindimensionalen Menschen* mit Unterstützung der Rockefeller Foundation [und] Paul Baran war ordentlicher Professor an der aristokratischen Stanford University". Warum also sollten lateinamerikanische Forscher ausländische Gelder ablehnen, wenn es vor Ort keine alternativen Quellen gab? (Nun [1968] 2017). Außerdem wandte sich Nun in einem „Offenen Brief" an die Soziologiestudenten der UBA, in dem er klarstellte, dass er mit vielen linken politischen Gruppen und Gewerkschaften über das Projekt gesprochen und deren Segen erhalten hatte. Obwohl er kein Peronist sei, sei es ihm sogar gelungen, Perón zu treffen und seine Zustimmung zu erhalten.

Die Kritiker blieben unnachgiebig. Für sie war die Ford Foundation ein „neuer Geheimdienst", der sich dem Kampf gegen „nationale Befreiungsbewegungen" widmete. Wenn ihre Beamten marxistische Wissenschaftler anheuerten, dann nur, um ihre wahren Absichten geschickt zu verschleiern. Was sie wirklich interessierte, waren die Daten, die die US-Regierung bekommen konnte (und nicht theoretische Debatten über Funktionalismus versus Marxismus), um ihre imperialen Pläne zu unterstützen. Einige gingen so weit zu sagen, dass „Napalm und Hubschrauber mit der Umfrage gleichzusetzen sind" (Goldstein 1969), und andere, wie Cárdenas, stellten Nun einfach als einen „Sepoy" dar, der seine Mitbürger verriet. Zu seiner Verteidigung merkte Nun klugerweise an, dass, wenn grobe Informationen das Problem seien, soziologische Untersuchungen, ob sie nun von ausländischen oder einheimischen Institutionen (oder gar nicht) finanziert würden, nicht wünschenswert seien, da die Verbreitung

---

[11] Nun wählte nicht nur den theoretischen Ansatz, sondern auch das Forschungsteam und sogar den Beirat aus, der seine Arbeit überwachen sollte. Der junge Soziologe stützte sich auf seine dichten internationalen Netzwerke und schlug Eric Hobsbawm, Alain Touraine und David Apter vor.

ihrer Ergebnisse den Unterdrückern immer neue Erkenntnisse darüber verschaffen könnte, wie sie ihre Herrschaft verbessern könnten. Er machte sich über das lustig, was er als „obskurantistische" Haltung bezeichnete, und wies darauf hin, dass seine Kritiker Recht hätten:

> Che Guevara hätte seinen *Guerillakrieg* nicht veröffentlichen dürfen, Lenin nicht seine ausgefeilten Analysen über die politischen Orientierungen der Arbeiter in den verschiedenen Industriezweigen und Mao nicht seine scharfen Beobachtungen über den potenziellen Aktivismus der verschiedenen ländlichen und städtischen Gruppen. (Nun 1969a, S. 11)[12]

Wie oben angedeutet, war Nuns Sorge um seinen Ruf als radikaler Intellektueller vor den Studenten und linken Aktivisten zusammen mit seiner Verteidigung „professioneller Standards" bei der Durchführung systematischer empirischer Forschung repräsentativ für die doppelgesichtige Haltung derjenigen, die – nicht ohne deutliche Schwierigkeiten – das Spiel des politischen Aktivismus spielen wollten, ohne die Mainstream-Soziologie und die Karriere als Vollzeit-Akademiker aufzugeben.[13] Natürlich waren die Ford-Beamten weder über die schlechte Presse noch über Nuns Kommentare zur Stiftung erfreut. Da sich die Ergebnisse verzögerten und die Kontroversen zunahmen, wurde das Projekt schließlich abgebrochen (Plotkin 2015).

Trotz der Auseinandersetzungen über Finanzierung und Imperialismus sind Nuns Ideen zur Marginalität bis heute einflussreiche Begriffe im Denken über die sozialen Probleme Lateinamerikas geblieben. Auf der Grundlage einer ausgefeilten Diskussion der Marx'schen Ideen in *Grundrisse* und *Das Kapital* wies Nun zwei konvergierende (und funktionalistische) Ansichten zurück, die das Fortbestehen der sozialen Ausgrenzung in der Region erklären. Einerseits verwarf er jene Analysen, die Marginalität als vorübergehend darstellten, als ein vorübergehendes Sta-

---

[12] Verón unterstützte seinen Kollegen und ging noch weiter: „Wenn du Marxist bist und von der wissenschaftlichen Gültigkeit des Marxismus überzeugt bist, denke nicht daran, irgendetwas zu studieren, weil deine Arbeit vom Imperialismus benutzt werden könnte! [Oder studieren Sie, aber veröffentlichen Sie Ihre Ergebnisse nicht […] Marx hatte Recht, als er *Das Kapital* schrieb, aber er machte einen Fehler, als er beschloss, es zu veröffentlichen" (Verón 1974, S. 74).

[13] Die wichtigsten Ergebnisse der unvollendeten Studie erschienen in einer Sonderausgabe der *RLS*, die auch einen Beitrag von Hobsbawm enthielt.

dium, das durch die Schaffung von mehr und besseren Arbeitsplätzen im Zuge der Expansion des Kapitalismus überwunden werden würde. Andererseits wandte sich Nun gegen diejenigen, die die Marginalität aus einer verbessernden Sichtweise heraus als Produkt des Mangels an moralischen Veranlagungen des Einzelnen erklärten, die für eine sinnvolle Eingliederung in die moderne Wirtschaft erforderlich seien, und implizierten, dass Bildung und Sozialarbeit die Lösung seien. In beiden Darstellungen, so Nun, würden die wahren Ursachen des Problems übersehen. Im Gegensatz zu den optimistischen und den eher konservativen Ansichten erklärte er, dass die Existenz der sozial Ausgegrenzten auf die Schwächen einer abhängigen Wirtschaft wie der lateinamerikanischen zurückzuführen sei, die nicht in der Lage sei, alle Arbeitswilligen aufzunehmen, was zur Konsolidierung einer wachsenden „Überbevölkerung" führe. Für diese Gruppe prägte er den Begriff der „marginalen Masse" und stellte ihn dem klassischen Begriff der „industriellen Reservearmee" gegenüber. Während Marx sich auf die schädlichen Auswirkungen der Arbeitslosen auf Löhne und Arbeitsbedingungen konzentriert hatte, nützte die marginale Masse den Kapitalisten nicht. Da die Arbeitsmärkte in Lateinamerika stark segmentiert und die Arbeiter nicht homogen waren (wie in Marx' Darstellungen des englischen Kapitalismus), nahm die Ersetzbarkeit ab: Diejenigen, die im modernen Sektor der Wirtschaft tätig waren, blieben von denjenigen am Rande unberührt (Nun [1969] 2020). Eine Entwicklungspolitik, die kapitalistische Investitionen fördere, biete daher keine Lösung für die Region und die soziale Ungerechtigkeit. Wie Nun selbst später feststellte (Nun 2000), nahm das Konzept der marginalen Masse Begriffe wie „Unterschicht" und „Entfremdung" vorweg, die in den 1990er-Jahren entstanden, um den zunehmenden Mangel an Arbeitsplätzen, die Unterbeschäftigung und die Instabilität der Arbeitsverhältnisse in den Vereinigten Staaten und Europa zu bekämpfen. Es ist kein Zufall, dass die Debatte über Marginalität und Überschussbevölkerung in Lateinamerika begann, denn selbst in den besten Zeiten des Industrialisierungsprozesses der Nachkriegszeit gab es ernsthafte Schwierigkeiten bei der Beschäftigung der verfügbaren Arbeitskräfte.

Soziologie als Beratungsberuf?

Mit der steigenden Zahl der Absolventen der UBA und anderer Schulen verschärften sich die Debatten über die Konstituierung der Soziologie als Beratungsberuf. Bis 1970 gab es fast 1000 Absolventen (Kratochwill 1970). Eine in einer Publikumszeitschrift veröffentlichte Notiz zum Thema „Das Handwerk des Soziologen" beschreibt die Situation folgendermaßen:

> Die Perspektiven, die Argentinien einem frischgebackenen Soziologie-Absolventen bietet, sind sicherlich nicht attraktiv [...] Manchmal sind Soziologen schlecht bezahlte Lehrkräfte an den Universitäten; ein anderes Mal sind sie mit einer Reihe von Aufgaben ohne klare Grenzen in öffentlichen Einrichtungen [oder] großen Unternehmen betraut, die von der Durchführung von Umfragen bis zur Anwendung von Tests reichen. Nur die Elite der argentinischen Soziologen widmet sich der Forschung. Angestellt von privaten in- und ausländischen Instituten, führen sie große Studien über einige Aspekte des argentinischen Soziallebens durch. (*Confirmado* 1969, S. 16)

Angesichts dieser schwierigen Situation gab es unter den Soziologen im Großen und Ganzen zwei gegensätzliche Sichtweisen: die eine verteidigte die angewandte Soziologie im Sinne von Germani (siehe Kap. 1), die andere lehnte jegliche Rolle der Soziologen im Berufssystem ab. Für die Befürworter der Soziologie als Beraterberuf gab es zahlreiche Möglichkeiten, die jedoch aktiv genutzt werden mussten. Wie andere Berufsgruppen auch mussten Soziologen an die Türen von Privatunternehmen, Genossenschaften, Gewerkschaften und staatlichen Behörden klopfen und ihr „neuartiges" Fachwissen enthusiastisch anbieten. Auch wenn sie sich darüber im Klaren waren, dass diese Institutionen vielleicht noch gar nicht wussten, dass sie soziologischen Rat brauchten, so war ihnen doch klar, dass die Soziologen ihre Disziplin als unverzichtbar für alle bewerben mussten, die an „rationalen" (und datengestützten) Entscheidungen interessiert waren (Di Tella 1967). Mehr noch, obwohl die Staatsbeamten nicht immer sehr begeistert von der „neuen" Disziplin waren, wie die Intervention von 1966 zeigte, sollten die staatlichen Stellen das Hauptziel dieser Werbemaßnahmen sein. Laut Manuel Mora y Araujo (1937–2017), einem jungen Soziologen, der sein Masterstudium am FLACSO absolviert hatte und in der Stiftung Bariloche, einem neuen privaten Forschungsinstitut, arbeitete, hing „die Chance der Soziologie, ein nützliches Instrument zur Veränderung der Gesellschaft zu werden", von einer kooperativen Beziehung zum Staat ab (Mora y Araujo 1971). Einige gingen sogar so weit zu behaupten, dass „wirklich bedeutende wissenschaftliche Fortschritte" nur von der „angewandten Soziologie" ausgehen würden. In Anlehnung an Kuhns Worte erklärte Torcuato Di Tella (1929–2016), ein enger Mitarbeiter Germanis, der an der Columbia University promoviert hatte, dass die Gelehrten im Elfenbeinturm niemals die Träger „wissenschaftlicher Revolutionen" seien, da für solche großen Veränderungen eine „wissenschaftliche Tradition" mit einem „gesellschaftlichen praktischen Bedürfnis" übereinstimmen müsse. Seine Beispiele waren nicht unbedeutend oder bescheiden: Seiner Ansicht nach wären die Psychoanalyse, der Marxismus und der Keynesianismus nicht möglich gewesen, wenn Freud, Marx und Keynes dem psychischen Leiden, der Ausbeutung der Arbeiter oder der wirtschaftlichen Depression gegenüber gleichgültig geblieben wären (Di Tella 1967). Ohne eine solche Verbindung zu den Problemen der Gesellschaft wären Selbstreferenzialität und sinnlose Forschungspläne sehr wahrscheinlich, und die Auswirkungen wären äußerst schädlich. Ohne erweiterte Öffentlichkeiten und Klientel würde es der Soziologie an Legitimation und den damit verbundenen materiellen Ressourcen fehlen, die sie so abhängig von ausländischer Finanzierung machen (Mora y Araujo 1971). Damit Soziologen von verschiedenen Institutionen angestellt werden konnten, mussten sie sich (zumindest während ihrer Arbeit) von Politik und ideologischen Debatten fernhalten. Gegenüber den Befürwortern der Pollifizierung sollte die Soziologie neutral bleiben:

> Es besteht die Tendenz zu glauben, dass die Soziologie, wenn sie für etwas nützlich sein kann, dann für die Verteidigung des Status quo. Dieser in der „Linken" weit verbreitete Glaube ist ebenso ein Vorurteil wie der in der „Rechten" verbreitete Glaube, die Soziologie sei nichts weiter als ein Vorwand, um subversive Mentalitäten zu produzieren. Ich denke, die Sozio-

logie kann sowohl für den Status quo als auch für reformistische und revolutionäre Ziele nützlich sein [...] Die Soziologie kann dazu dienen, das Auftreten der Guerilla vorherzusagen, um sie besser kontrollieren zu können, aber sie kann für die Guerilla ebenso nützlich sein, um festzustellen, ob ihre Ziele plausibel oder absurd sind. (Mora y Araujo 1971, S. 134)[14]

Es überrascht nicht, dass solche Ansichten von Mitgliedern der *cátedras nacionales* und marxistischen Soziologen heftig angegriffen wurden. Der Kern der Sache war, dass Neutralität für diese Fraktionen nicht möglich war. Was ein Soziologe tun konnte, wenn er von einem Arbeitgeber angestellt wurde, hing also weitgehend von den Bedürfnissen des Arbeitgebers ab. Diejenigen, die Geld hatten, um Soziologen zu beschäftigen, waren die Eliten und der Staat, der ihre Interessen vertrat, so dass jede angewandte Tätigkeit gegen die Unterdrückten gerichtet war. Die Vorstellung von der Soziologie als einem beratenden „Beruf" mit einer eigenen Deontologie war nur ein Deckmantel, um „verräterische Soziologen" zu verstecken. „Professionalisierung bedeutet, den Befehlen der Herren zu gehorchen" (Carri et al. 1970, S. 6). Verón machte dies in seiner Antwort auf Mora y Araujo deutlich:

Der Soziologe [ist aufgerufen, die akademische Welt zu verlassen und] seine Dienste auf einem breiteren Markt anzubieten. Soziologisches Wissen kann allen zugute kommen, denn es ermöglicht die Umsetzung jeder Politik und jeder Ideologie. Der Soziologe sollte seine Visitenkarte hinterlassen, in der Hoffnung, einen Job zu bekommen. Die Behauptung, die Soziologie sei eine Technologie jenseits der ideologischen Kämpfe, die jeder kaufen könne, [macht den Soziologen] zu einem Technokraten, der offen zugibt, dass er, wenn er von „sozialem Wandel" spricht, nicht an eine bestimmte Art von Wandel denkt. Damit könnte er viele potenzielle Kunden verschrecken. (Verón 1974, S. 64)

---

[14] Die Bemerkung über den Guerillakrieg war nicht naiv. Zu dieser Zeit war Ernesto Che Guevara vor kurzem im bolivianischen Dschungel getötet worden, unter Gleichgültigkeit der örtlichen Bauern und zur allgemeinen Bestürzung der linksgerichteten intellektuellen und aktivistischen Kreise. Unmittelbar zuvor hatten sich ähnliche lokale Projekte in Argentinien ebenfalls als katastrophal erwiesen.

Wenn die Arbeit für ein privates Unternehmen der Förderung der kapitalistischen Ausbeutung gleichkam, war die Arbeit für eine philanthropische Stiftung in den USA gleichbedeutend damit, eine Handlangerin des Imperiums zu werden. Die Arbeit für eine staatliche Behörde, selbst wenn sie zur „linken Hand" des Staates gehörte, war jedoch nicht lohnender. Die Soziologen konnten sich in diesem Fall zwar auf die Ausgebeuteten und die Armen beziehen, aber weit davon entfernt, ihre Agenda und ihre Interessen voranzutreiben, konnten sie nur ein Linderungsmittel anbieten, dessen wahre Absicht darin bestand, soziale Konflikte zu vermeiden. Was die Befürworter der angewandten Soziologie als ein Fachwissen verteidigten, das die (instrumentelle) Rationalität steigern konnte, war für ihre Kritiker nichts anderes als eine „Unterdrückungstechnologie" (Carri 1968a). Da der Staat keine Risse aufwies, sollten die Soziologen nach dieser Auffassung auf Distanz bleiben. Die „Servilität", die Burawoy (2005) als die wichtigste (und mögliche, aber nicht zwangsläufige) Pathologie der angewandten Soziologie (oder „politischen Soziologie") bezeichnete, war in dieser Sichtweise unvermeidlich. Wenn Soziologen sich nicht die Hände schmutzig machen wollten, waren die einzigen legitimen Zielgruppen für sie diejenigen, die an einer radikalen Umgestaltung der Gesellschaft arbeiteten oder daran interessiert waren. Da aber die Armen und Bedürftigen nicht über die Mittel verfügten, um für ihre Dienste zu bezahlen, blieb das Problem bestehen: Wie konnte ein Soziologe seinen Lebensunterhalt als Soziologe verdienen? Nach den extremsten Auffassungen war das eigentlich kein Problem: Soziologen sollten, wie jeder revolutionäre Aktivist, bereit sein, die Lebensbedingungen ihrer unterdrückten Mitbürger zu teilen.[15] In anderen, gemäßigteren Ansichten blieb die Frage ungelöst. Die Vernachlässigung beruflicher Belange entsprach weitgehend den Erwartungen der Studenten und wurde durch sie sogar noch verstärkt. Laut einer Umfrage, die 1971 von einer populären Zeitschrift durchgeführt wurde und bei der fünfzig Studenten befragt wurden, gab eine große Mehrheit an,

---

[15] Viele Soziologen waren bei staatlichen Behörden, einigen privaten Unternehmen und (den damals neu entstehenden) Marktforschungsinstituten beschäftigt.

dass sie, statt nur ein Soziologiediplom anzustreben, vielmehr „Revolutionäre" werden wollten (*Panorama* 1971). In diesem Sinne äußerte sich auch ein junger Professor der UBA:

> Ich denke, dass die berufliche Rolle der Soziologen traurig genug ist, um die Studenten davon abzuhalten, sich Gedanken über ihre berufliche Zukunft zu machen [...] Vor einiger Zeit versammelte ein Kollege [der UBA] in einer seiner Vorlesungen eine Gruppe von neuen Studenten und sagte ihnen, dass es keinen Sinn habe, Soziologie zu studieren, weil es keine guten Jobs für sie geben werde. In diesem Moment stand einer von ihnen auf und sagte: „Eigentlich sind wir nicht hierher gekommen, um Soziologen zu werden; wir sind hierher gekommen, um die Revolution zu machen". (*Panorama* 1971)

Die Kritik von Mills am „bürokratischen Ethos", wie sie in *The Sociological Imagination* dargestellt wird, war eindeutig einflussreich. Wichtig waren auch die Nachrichten über den studentischen Aktivismus in Frankreich und in den Vereinigten Staaten. In der ersten Nummer von *Antropología del 3er Mundo*, dem Hauptorgan der *cátedras nacionales*, die im November 1968 erschien, wurde ein kürzlich in der französischen Zeitschrift *Esprit* veröffentlichter Artikel von Daniel Cohn-Bendit übersetzt. Der Artikel mit dem Titel „Soziologen wofür?" prangerte diejenigen an, die ihre professionellen Dienste als „Wachhunde" für die kapitalistische Ordnung anboten, und erklärte, dass der Ungehorsam der Studenten eine Reaktion gegen den „repressiven" Charakter des „soziologischen Berufs" und die „soziale Funktion" sei, auf die das „System" sie vorbereite (Cohn-Bendit 1968). Auch die berühmte Rede von Martin Nicolaus auf der Konferenz der American Sociological Association (ASA) im Jahr 1968 wurde schnell übersetzt. Sein Angriff auf die Elitesoziologen als „Hausangestellte des korporativen Establishments", deren „professionelle Augen" auf die „unteren Leute" gerichtet waren, während seine „professionelle Handfläche" den „oberen Leuten" entgegengestreckt wurde, war ebenfalls sehr auf die lokalen Kontroversen abgestimmt (Nikolaus 1970).

„Nationale Soziologie" und die Rechtfertigung des Essays

Als sich die antiimperialistische Stimmung ausbreitete, wurde die „wissenschaftliche Soziologie" von den meisten radikalisierten Soziologen und Studenten zunehmend als Teil einer „imperialen Durchdringung" angesehen. Der massive Import von Ideen, die Abhängigkeit von der Finanzierung durch die USA und die *völlige* Vernachlässigung lokaler intellektueller Traditionen (siehe Kap. 1) waren Belege für ihren entfremdeten – und abhängigen – Charakter. Dagegen war, wie immer mehr Soziologen und Studenten behaupteten, eine stärker lokal ausgerichtete Sozialwissenschaft angesagt. Die „nationale Befreiung" erforderte eine „geistige Befreiung". Einmal mehr waren die *cátedras nacionales* die radikalsten und setzten sich für die Verteidigung (und Produktion) einer „nationalen Soziologie" ein, die auf dem essayistischen nationalen Ansatz basierte, den Germani und seine Mitarbeiter bewusst ignoriert hatten. So umfasste die obligatorische Kursliteratur neben den Werken der politischen Führer eine Vielzahl von „nationalen Denkern", die ebenso wie diese Soziologen keinen Hehl aus ihrer leidenschaftlichen politischen Haltung und ihrem Misstrauen gegenüber den Vorteilen einer systematischen empirischen Forschung machten.

Als linke intellektuelle Kreise nach dem Sturz des Peronismus mehr und mehr für diesen empfänglich wurden, blieb die essayistische Tradition davon nicht unberührt. Sie wurde von einer Reihe nationalistischer Essayisten maßgeblich erneuert, die neue und ansprechende langfristige Darstellungen der Entwicklung Argentiniens und des schädlichen Einflusses des Imperialismus anboten. Eingestimmt auf die wachsende Nachfrage einer politisierten Öffentlichkeit nach Schwarz-Weiß-Erzählungen, boten diese Intellektuellen Untersuchungen an, die in die Kolonialzeit eintauchten und diese auf die Gegenwart übertrugen, in denen „Heilige" – all jene, die gegen das britische und US-amerikanische Imperium kämpften – und „Sünder" – lokale Mitläufer des Imperialismus – klar identifiziert wurden. Einer der einflussreichsten dieser Autoren war Arturo Jauretche (1901–1974), ein peronistischer Intellektueller und eine bekannte Persönlichkeit des öffentlichen Lebens, der 1966 *El medio pelo en la sociedad argentina* veröffentlichte, eine Untersuchung der „gescheiterten" Rolle der argentinischen Bourgeoisie und ihres Versagens bei der Erfüllung dessen, was als ihre historische Mission dargestellt wurde: die Industrialisierung und den Fortschritt des Landes anzuführen. Das Buch, das in weniger als einem Jahr seine neunte Auflage erreichte (Carassai 2018), enthielt einen polemischen Untertitel, „Anmerkungen zu einer nationalen Soziologie", und eine Einleitung, in der der Autor die Soziologie, wie sie von Germani und seinen Mitarbeitern entwickelt wurde, in Frage stellte. Das Buch ist in einer einfachen Sprache verfasst, die gekonnt Slang und volkstümliche Sprichwörter miteinander verbindet, und macht deutlich, dass Jauretche mögliche Leser nicht durch die Verwendung eines wissenschaftlichen, esoterischen Jargons ausschließen wollte. Er verzichtete zwar nicht darauf, einige Werke der „wissenschaftlichen Soziologie" zu verwenden, wie dies bei de Ímaz' *Los que mandan* (*Die Herrschenden*) der Fall war, doch griff er die „professionellen Soziologen" wegen ihrer naiven Leichtgläubigkeit in Bezug auf den Nennwert vermeintlich „objektiver" Daten an und verspottete sie mit einem Augenzwinkern. Um die lokale Gesellschaft zu verstehen, bedürfe es einer gründlichen Kenntnis der nationalen Bevölkerung, die nur durch „persönliche und reiche Erfahrungen" und nicht durch ausgefeilte und importierte Methoden gewonnen werden könne. Die „Universität des Lebens" könne nicht durch ausgefallene Diplome ausländischer Schulen ersetzt werden. Seine Kritik an der Umfragemethode war besonders scharf (und ein heikles Thema für die „wissenschaftliche Soziologie", denn sie war ihr wichtigstes Merkmal). In seinem witzigen und scharfen Stil warnte Jauretche:

> Sie können jeden Mitbürger über alles und jeden fragen, und die Antwort wird immer lauten: „Regelmäßig". Aber die Sache ist die, dass „normal" „gut" oder „sehr gut", aber auch „schlecht" bedeuten kann! Nur Ihr geschultes „Ohr" und Ihr tiefes Wissen über diesen Mann – sein Tonfall und vielleicht einige mimische Bewegungen – werden Ihnen die richtige Interpretation seiner Antwort liefern. Diese anspruchsvolle Aufgabe ist jedoch nicht für den unerfahrenen jungen Befragten geeignet, und noch weniger für den elektronischen Computer. (Jauretche 2016, S. 9)

Angesichts der Sichtbarkeit Jauretches in den Medien und im intellektuellen Bereich konnten seine Angriffe von der „wissenschaftlichen Soziologie" nicht unbemerkt bleiben, und bald folgte eine kritische Rezension in der *RLS*. Die ebenfalls äußerst sarkastische Notiz wurde von Francisco Delich (1937–2016) verfasst, einem jungen marxistischen Soziologen, der wie Nun zu der vermittelnden Fraktion gehörte, die für ein direkteres politisches Engagement eintrat, das jedoch nicht den Rückzug aus der „Wissenschaft" bedeutete. Delich hatte sein Studium in Frankreich absolviert und war zu diesem Zeitpunkt Mitglied des Marginality Project. Er erklärte zwar, er wolle „sterile Konflikte" zwischen „professioneller Soziologie" und „Parasoziologie" vermeiden, aber die ständigen „Widersprüche" und „fehlenden Überprüfungen" von Jauretche hätten ihn zu dem Schluss gebracht, dass das Buch im Grunde genommen wertlos sei und keine bemerkenswerten Erkenntnisse für Soziologen enthalte (Delich 1967).

Die Antwort auf diesen Angriff kam von Carri. Dies war das einzige Mal, dass jemand von den *cátedras nacionales* einen Beitrag für eine Zeitschrift der „wissenschaftlichen Soziologie" wie die *RLS* lieferte. Gleich zu Beginn gab die Notiz den Ton an, indem sie ein Gedicht zitierte, das lautete „Genug der intellektuellen Schwindeleien" (*Basta ya de mariconerías ilustradas*), gefolgt von einer Klage über die Unfähigkeit der „akademischen" Soziologen, andere Formen des Wissens als die aus dem Ausland anzuerkennen. Für ihn waren Arbeiten wie die von Jauretche, die sich auf eine große Lebenserfahrung und politisches Engagement stützten, für das Verständnis der lokalen Realität viel gültiger als jede systematische importierte Theorie, die zur Untersuchung anderer Gesellschaften erstellt wurde (Carri 1968b). Sicherlich waren Jauretches Bemerkungen gegen die „wissenschaftliche Soziologie" wie Musik in den Ohren derjenigen, die wie die Mitglieder der *cátedras nacionales* nicht über ein (im Ausland erworbenes) Diplom oder die für große (quantitative) Studien erforderlichen Mittel verfügten und sich hauptsächlich mit der Erstellung politischer Aufsätze beschäftigten, deren Strenge, wie Carri in seiner Studie über das soziale Banditentum einräumte, dem Ziel der politischen Wirkung geopfert werden konnte (Carri 1968a, S. 12).

Die Kluft war groß: Die Verteidigung lokaler intellektueller Denktraditionen, wie sie von der „nationalen Soziologie" gefördert wurde, geschah nicht mit dem Gedanken, ihre Beiträge in die neuesten Entwicklungen der im „Norden" produzierten Disziplin zu integrieren. Angesichts des Spannungsverhältnisses, in dem sich jeder periphere intellektuelle Bereich befindet, nämlich zwischen der Förderung einer größeren Offenheit zur Steigerung der Innovation – auf die Gefahr hin, dass ausländische Ideen unkritisch reproduziert werden – und der Förderung einer auf lokalen Denktraditionen beruhenden Autonomie – auf die Gefahr hin, dem „Provinzialismus" zu erliegen –, war die Entscheidung der *cátedras nacionales* klar. Ebenso klar wie die der „wissenschaftlichen Soziologie", aber mit einer entgegengesetzten Ausrichtung.

Zweifellos haben die Kritik an der Modernisierungstheorie und der Aufstieg der Dependenztheorie in Lateinamerika (Beigel 2019) die Suche nach alternativen intellektuellen Quellen und die Vernachlässigung der internationalen Mainstream-Soziologie gefördert. In Brasilien beispielsweise war der naive Import von Ideen – der kritisch als „Soziologie aus der Konserve" (Ramos 2020) bezeichnet wurde – ebenfalls Ziel scharfer Angriffe, die zu einer umfassenden Aufarbeitung der eigenen Tradition lokaler Essayisten führten. Im Allgemeinen führte diese Aufarbeitung jedoch nicht zu einer Ablehnung der Soziologie als „wissenschaftliche" und empirisch basierte Disziplin. Vielmehr wurde der Rückgriff auf den Essayismus häufig als ein Weg gesehen, die abhängige und passive Rezeption fremder Ideen zu vermeiden und eine autonomere Forschungsagenda zu fördern: eine Inspirationsquelle für eine Soziologie, die sich nicht von den Mainstream-Standards verabschiedet. Im Falle der *cátedras nacionales* in Argentinien hingegen waren die fehlende Finanzierung und die Annahme politisierter Studenten als Hauptpublikum ausschlaggebend für die Entstehung einer „nationalen Soziologie", die systematische Forschung vernachlässigte und einen essayistischen Arbeitsstil vertrat. Nicht unerwartet kam es zu einer Polarisierung. Mora y Araujo räumte zwar die schädlichen Auswirkungen der „kulturellen Abhängigkeit" auf die lokale Soziologie ein, zögerte aber nicht, diese anzuerkennen: „Wenn die Alternative in extremen Worten als eine zwischen kultureller Abhängigkeit und ‚wissenschaftlichem Analphabetismus' formuliert wird, würde ich die Abhängigkeit wählen" (Mora y Araujo 1971, S. 131).

Literatur

Beigel, Fernanda. 2019. Latin American sociology: A centennial regional tradition. In *Key texts for Latin American sociology*, Hrsg. Fernanda Beigel. Thousand Oaks: SAGE.

Buchbinder, Pablo. 2004. *Historia de las universidades argentinas*. Buenos Aires: Sudamericana.

Burawoy, Michael. 2005. For public sociology. *American Sociological Review* 70(1): 4–28. https://doi.org/10.1177/000312240507000102.

Burgos, Raúl. 2004. *Los gramscianos argentinos*. Buenos Aires: Siglo XXI.

Carassai, Sebastián. 2018. Ser o parecer: Arturo Jauretche y el ‚medio pelo' de la sociedad argentina. In *La Argentina como problema*, Hrsg. Carlos Altamirano und Adrián Gorelik, 283–297. Buenos Aires: Siglo XXI.

Cárdenas, Gonzalo. 1969. El peronismo y la cuña neoimperial. In *El Peronismo*. Buenos Aires: Carlos Pérez Editor.

Carri, Roberto. 1968a. *Isidro Velázquez. Formas prerevolucionarias de la violencia*. Buenos Aires: Sudestada.

———. 1968b. Un sociólogo de medio pelo. *Revista Latinoamericana de Sociología* 4(1): 127–131.

Carri, Roberto, Juan Pablo Franco, Jorge Carpio, Susana Checa, Alcira Argumedo, Gunnar Olson, Pedro Krotsch, et al. 1970. Sociología: instrumento de conocimiento y de lucha. *Cristianismo y Revolución* 4(22): 6–7.

Cohn-Bendit, Daniel. 1968. Para qué sociólogos? *Antropología 3er Del Mundo* 1(1): 13–17.

Confirmado. 1969. El oficio del sociólogo, 17. September.

Delich, Francisco. 1967. Arturo Jauretche. El medio pelo en la sociedad argentina. *Revista Latinoamericana de Sociología* 3(2): 302–307.

Di Tella, Torcuato. 1967. La sociología en América Latina. *Revista Latinoamericana de Sociología1* 3(1): 84–90.

García-Bouza, Jorge, und Eliseo Verón. 1967. Epílogo de una crónica: la situación de la sociología en Argentina. *Revista Latinoamericana de Sociología* 3(1): 91–94.

Goldstein, Daniel. 1969. Sociólogos argentinos aceitan el engranaje. *Marcha*, 10. January, 15.

Hanafi, Sari. 2011. University systems in the arab East: Publish globally and perish locally vs publish locally and perish globally. *Current Sociology* 59(3): 291–309.

Jauretche, Arturo. 2016. *El medio pelo en la sociedad argentina*. Buenos Aires: Corregidor.
Kratochwill, Germán. 1970. Estado actual de las ciencias sociales en la Argentina. *Revista Latinoamericana de Sociología* 4(1): 167–176.
Mora y Araujo, Manuel. 1971. La sociedad y la praxis Sociológica. *Desarrollo Económico* 11(41): 125–143. https://doi.org/10.2307/3466187.
Navarro, Juan José. 2011. Cold War in Latin America: The Camelot Project (1964–1965) and the political and academic reactions of the Chilean left. *Comparative Sociology* 10(5):807–825.https://doi.org/10.1163/156913311X599089.
Nikolaus, Martin. 1970. Advertencia a la convención de la Asociación Sociológica Norteamericana. In *Ciencias Sociales: Ideología y Realidad Nacional*, 27–31. Buenos Aires: Tiempo Contemporáneo.
Nun, José. 1969a. La polémica sobre el „Proyecto Marginalidad". *Marcha*, February 28, 18–19.
———. 1969b. Las brujas que caza el Señor Goldstein. *Marcha*, 17. January, 15.
———. 2000. The end of work and the ‚marginal mass' thesis. *Latin American Perspectives* 27(1): 6–32. https://doi.org/10.1177/0094582X0002700102.
———. 2017. A 50 Años del Proyecto Marginalidad: Carta a los estudiantes de Sociología. *Aesthethika* 13(2): 19–33.
———. 2020. José Nun (Argentina) Marginality and Social Exclusion. In *Key texts for Latin American sociology*, Hrsg. Fernanda Beigel. Thousand Oaks: SAGE.
Panorama. 1971. La sociología a trompadas, 18. May, 38–45.
Plotkin, Mariano Ben. 2015. US foundations, cultural imperialism and transnational misunderstandings: The case of the marginality project. *Journal of Latin American Studies* 47(1): 65–92. https://doi.org/10.1017/S0022216X14001473.
Ramos, Alberto Guerreiro. 2020. A critical introduction to Brazilian sociology: Canned sociology versus dynamic sociology. In *Key texts for Latin American sociology*, Hrsg. Fernanda Beigel, 47–56. Thousand Oaks: SAGE.
Rodríguez Bustamante, Norberto. 1979. Sociology and reality in Latin America: The case of Argentina. *International Social Science Journal* 31(1): 86–97.
Rubinich, Lucas. 1999. Los sociólogos intelectuales: Cuatro notas sobre la sociología en los años sesenta. *Apuntes de Investigación* 4:1.
Sigal, Silvia. 1991. *Intelectuales y poder en Argentina: La década del sesenta*. Buenos Aires: Puntosur.
Verón, Eliseo. 1974. *Imperialismo, lucha de clases y conocimiento: 25 años de sociología en Argentina*. Buenos Aires: Tiempo Contemporáneo.

4

Autoritarismus, Zensur und der Rückzug der Soziologie (1974–1983)

Zusammenfassung Mitte der 1970er-Jahre machte ein heftiger Rechtsruck in der nationalen Politik die Hoffnungen auf einen emanzipatorischen sozialen Wandel zunichte. Die neuen Behörden griffen in die öffentlichen Universitäten ein, die sie als stürmische „Sowjets" darstellten. Viele soziologische Studiengänge wurden geschlossen, zahlreiche Soziologen mussten ins Exil gehen. Die Schule der UBA blieb zwar geöffnet, aber es wurde ein unvorbereitetes (und opportunistisches) Heer von Lehrkräften eingestellt. Private Forschungsinstitute konnten ihre Tätigkeit fortsetzen, da die „wissenschaftliche Soziologie" großzügig von ausländischen Stiftungen finanziert wurde. Angesichts der ständigen staatlichen Überwachung waren sie jedoch gezwungen, ein extrem niedriges Profil zu pflegen. Ohne die Möglichkeit, sich an die lokale Öffentlichkeit zu wenden, kam es zu einer „Enklaven"-Orientierung, bei der die Soziologen zwar mit dem internationalen Mainstream in Verbindung blieben, aber nicht in der Lage waren, ihre Arbeiten lokal zu verbreiten. Im Gegensatz zu anderen internationalen autoritären Erfahrungen, bei denen die Soziologie als Quelle für politische Informationen mobilisiert wurde, folgte eine schädliche Phase der De-Institutionalisierung. Es überrascht nicht, dass die Versuche, die angewandte Soziologie zu fördern, kaum Früchte trugen.

Staatliche Repression und De-Institutionalisierung

Die Rückkehr zu Demokratie und verfassungsmäßigen Rechten im Jahr 1973 war nur von kurzer Dauer. Wirtschaftliche Schwierigkeiten und unüberwindliche Widersprüche innerhalb der peronistischen Bewegung führten zu einer unregierbaren Situation. Der ökumenische Ansatz, den Perón in seinem achtzehnjährigen Exil verfolgt hatte, um neue Anhänger zu gewinnen, erwies sich nach seiner Amtsübernahme als schwer durchführbar. Sein plötzlicher Tod im Jahr 1974 verschärfte die Situation, und es kam zu gewaltsamen Konflikten zwischen den Befürwortern der Revolution und denjenigen, die sie verhindern wollten. Die neue Präsidentin, Peróns unerfahrene Witwe, begünstigte die konservativen Fraktionen und versuchte, mit Unterstützung des Militärs, aber auch rechtsextremer paramilitärischer Gruppen, die „Ordnung" gewaltsam wiederherzustellen. Dennoch kam es 1976 zu einem erneuten Staatsstreich in einer chaotischen Situation, die von häufigen Terroranschlägen, Arbeiterunruhen in den Fabriken und einer Rekordinflationsrate von fast 200 % gekennzeichnet war.

Nach Ansicht der Militärs und der sie unterstützenden Zivilisten waren extreme Maßnahmen angebracht. Die Unterdrückung der Guerilla und des politischen Aktivismus war nur der erste Schritt. Ebenso wichtig war es, die Stärkung der Gewerkschaften zu beenden, die durch die Industrialisierungspolitik seit den 1940er-Jahren einen Aufschwung erfahren hatten Auf diese Weise wurde ein Programm zur Neugründung beschlossen, bei dem die neoliberale Politik, wie sie in Chile nach 1973 gefördert wurde, darauf abzielte, die Wirtschaft zu „modernisieren" und die Inflation einzudämmen, während gleichzeitig die Sozialpolitik untergraben, die Arbeiterklasse geschwächt und die Wirtschaftseliten begünstigt wurden. Um dies zu erreichen, wurden keine Mühen gescheut. Die Zensur wurde wieder eingeführt, der Kongress wurde aufgelöst und politische Aktivitäten wurden verboten. Vor allem aber wurde der Staatsterrorismus großzügig unterstützt. Illegale Morde und das Verschwindenlassen von Menschen waren massiv: mehr als 30.000 Menschen wurden ermordet. Ein systematischer Plan für Folter und Tötung, der sich an den

Aktivitäten der französischen Armee während des Algerienkriegs orientierte, fand in einem dichten Netz von geheimen Haftanstalten statt. Gewerkschaftsführer und Arbeiter sowie Aktivisten der politischen Linken waren die Hauptziele. Der Terror nahm überhand, und die meisten grundlegenden Menschenrechte wurden regelmäßig verletzt. Die willkürliche Macht der Staatsbeamten wurde zu einer allgegenwärtigen Bedrohung.

Erneut wurde in die öffentlichen Universitäten eingegriffen, und es folgten „antikommunistische" ideologische Säuberungen. Die ersten Säuberungen wurden übrigens nach dem Rechtsruck der peronistischen Regierung durchgeführt. Vor dem Hintergrund heftiger interner Kriege wurde ein erklärter Sympathisant des Faschismus an die Spitze der UBA gesetzt. Der neue Rektor brauchte nicht lange, um den traditionellen Namen der Schule wiederherzustellen – er strich das Wort „volkstümlich" und förderte mit Unterstützung von Polizeibeamten und paramilitärischen nationalistischen Gruppen eine gewaltsame Verfolgung linker Aktivisten in der Professorenschaft und der Studentenschaft. An der Fakultät für Philosophie und Literatur (FFyL) zögerte ein thomistischer Priester, der zum Dekan ernannt worden war, nicht, seine esoterischen Kenntnisse zu nutzen und ging mit einem Weihrauchfass durch das Gebäude, um den „kommunistischen Teufel" zu exorzieren (Buchbinder 2004). Als die Militärs die Regierung übernahmen, griffen sie auf diese repressive Politik zurück und förderten eine neue Säuberung, die Platz für ihre zivilen Verbündeten schaffte und die Überwachung und Disziplinierung weiter verstärkte. Viele sozialwissenschaftliche Bücher, insbesondere solche von marxistischen und antiimperialistischen Denkern, wurden zensiert. Bücherverbrennungen waren keine Seltenheit (Invernizzi und Gociol 2010). Im Rahmen einer reaktionären Politik, die darauf abzielte, eine „verlorene Ordnung" wiederherzustellen, wurden die traditionellen Hierarchien zwischen Professoren und Studenten gefördert. Dementsprechend wurden die universitäre Selbstverwaltung und die politischen Aktivitäten der Studierenden abgeschafft. Wie einer der Sekretäre für Bildung des Militärs 1979 erklärte: „Wir wollen eine Universität, keinen tumultartigen Sowjet aus Professoren, Studenten und Absolventen" (zitiert in Buchbinder 2016, S. 162). Zu den Neuerungen gehörte die Wiedereinführung von Aufnahmeprüfungen und Gebühren mit dem Ziel, die Zahl (und den Einfluss) der Studierenden zu reduzieren. Zum ersten Mal in der Geschichte der UBA ging die Zahl der Studierenden zurück: Gab es 1975 noch 507.000 Studenten, waren es 1983, als das Militär aus dem Amt schied, nur noch 416.000 (Cano 1985). Die Zahlen bezüglich der neuen Studenten sind eindeutig. Waren es 1974 noch 40.000, so sank die Zahl bis 1977 auf 13.000 (Buchbinder 2004). In der flüchtigen Erfahrung der Nationalen und Volksuniversität von Buenos Aires wurde festgelegt, dass kein Lehrer gleichzeitig für ein multinationales Unternehmen arbeiten konnte. Ein Zeichen für den Wandel der Zeit war nun die Unvereinbarkeit der Ernennung zur Universitätsleitung mit der Mitgliedschaft in einer politischen Partei oder Gewerkschaft.

Wie nicht anders zu erwarten, wurde in diesem Zusammenhang eine Disziplin wie die Soziologie, die sich ein notorisch rebellisches Image in der Öffentlichkeit erarbeitet hatte, schwer getroffen. Einige Studiengänge an öffentlichen Universitäten, wie der in Mendoza und Mar del Plata, wurden geschlossen, und viele Soziologen wurden aus ideologischen Gründen von ihren Posten an Universitäten und anderen öffentlichen Einrichtungen entlassen. Viele von ihnen gehörten zusammen mit einer großen Zahl von Studenten zu den „Verschwundenen" (*desaparecidos*) (CPS 2006). Roberto Carri, das produktivste Mitglied der *cátedras nacionales*, war einer von ihnen. Andere mussten ins Exil gehen, um zu überleben. Und obwohl die Aktivitäten in den privaten Forschungsinstituten, wie sie von der „wissenschaftlichen Soziologie" gefördert wurden, relativ unangetastet blieben, da sie außerhalb der formalen Zuständigkeit der Regierungsbeamten lagen, mussten auch sie ein extrem niedriges Profil pflegen. Eine größere Sichtbarkeit könnte zu rechtlichen oder illegalen Maßnahmen seitens einer Regierung führen, die nicht geneigt ist, irgendeine Art von scheinbar abweichendem Diskurs zu dulden. So folgte auf die Phase des bedeutenden Wachstums in den 1950er-Jahren, in der, wie wir gesehen haben, nicht ohne Schwierigkeiten und scharfe Umorientierungen, die soziologischen Institutionen expandierten und die öffentliche Sichtbarkeit der Disziplin zunahm, eine Phase der De-Institutionalisierung und der gesellschaftlichen Ächtung. Die Soziologie wurde marginalisiert, die öffentliche Wertschätzung schwand, und die Beschäftigungsmöglichkeiten wurden eingeschränkt. Soziologen waren nicht mehr in der Lage, ihre Ideen offen zu diskutieren, geschweige denn sich kritisch in den Medien und der Öffentlichkeit zu engagieren. Die Folgen dieser Jahre des Schweigens waren nicht gering. Obwohl die Wissenschaft, wie auch in anderen Breitengraden, dazu neigte, diese Zeit als unproduktive Sackgasse darzustellen (Kirtchik und Heredia 2015), die als unbedeutend übersehen werden konnte, hinterließ die materielle und symbolische Degradierung der soziologischen Institutionen tiefe und dauerhafte Spuren.

Umstrukturierung und Marginalisierung des UBA-Programms

Obwohl der Studiengang Soziologie der UBA seit 1974 geschlossen war, wurde er 1977 (überraschenderweise) wieder eröffnet. Das war zu einem Zeitpunkt, als das Militär die härteste Phase der Repression einleitete. Natürlich waren die Änderungen im Studiengang drastisch. Einerseits wurden der Fachbereich und das Institut aus dem FFyL ausgegliedert und aufgelöst. Auch wenn es hieß, dass sich die Sozialwissenschaften in ihrer Erkenntnistheorie und Methodik zu sehr von den Geisteswissenschaften unterschieden und dass eine Trennung für beide Bereiche von Vorteil sei, so zielte diese Initiative in Wahrheit darauf ab, das Gewicht und den Einfluss der Studenten zu unterdrücken. Die anderen 1957 geschaffenen Studiengänge, Psychologie und Pädagogik, wurden ebenfalls getrennt, was zu einem Rückgang der FFyL-Studenten um 70 % führte. Politische Aktivitäten wurden (erneut) verboten. Doch im Gegensatz zu früheren Militärdiktaturen wurden dieses Mal keine Mittel gescheut, um diese Anordnung durchzusetzen. Polizei- und Militäroffiziere, meist als verdeckte Ermittler, die sich als Studenten ausgaben, überwachten regelmäßig den Unterricht und die Aktivitäten (Rodríguez 2015).

Der Lehrkörper wurde (fast) vollständig ausgetauscht, und es wurden keine Vertreter der wichtigsten Fraktionen eingestellt. Zum ersten Mal wurden die Angehörigen der „wissenschaftlichen" und „marxistischen" Kreise ebenso wie die der *cátedras nacionales* vom Programm ausgeschlossen. Wie schon 1966 wurden die Dozenten hauptsächlich aus konservativen katholischen und rechtsnationalen Intellektuellenkreisen rekrutiert. Einige von ihnen nahmen ihre Ämter wieder auf, nachdem sie 1973 durch die erste (und linke) peronistische Intervention entlassen worden waren. Andere, die große Mehrheit, waren Neueinsteiger. Im Allgemeinen handelte es sich um Juristen und Philosophen, die keine nennenswerten Erfahrungen im Bereich der Soziologie vorweisen konnten und ihren Lebensunterhalt durch Teilzeitlehrtätigkeiten in verschiedenen öffentlichen und privaten Einrichtungen bestritten. Es gab jedoch auch einige Soziologen, die sich auf die Methodik spezialisiert hatten.[1] Es gab auch eine kleine Gruppe junger Soziologen, die erst vor kurzem ihre Ausbildung (an der UBA oder einer der katholischen Universitäten) abgeschlossen hatten und ohne viel Erfahrung gerne eine Laufbahn als Professor eingeschlagen hätten. Trotz der Tatsache, dass die Lehraufträge in Teilzeit vergeben wurden, war diese Möglichkeit für sie alle sehr attraktiv. Ihre Lobbyarbeit und ihre Kontakte zu den Militärbehörden[2] verhinderten die ansonsten sehr wahrscheinliche Schließung des Studiengangs zu einem Zeitpunkt, als auf Vorschlag des nationalen Bildungsministers auch andere Soziologie-Studiengänge in anderen Städten geschlossen wurden (Rodríguez 2015).

Dennoch war klar, dass der Studiengang Soziologie nach seiner Abtrennung von der FFyL und seiner Neuorganisation auf einer neuen Grundlage nicht zu den dynamischsten Studiengängen der Universität gehören würde. Obwohl er an der Fakultät für Rechts- und Sozialwissenschaften (FDyCS) angesiedelt war, einer sehr einflussreichen Institution und traditionell zentralen Brutstätte der argentinischen Eliten, brachte der neue Standort[3] keinerlei Anerkennung oder Aufstieg mit sich. Ent-

---

[1] Als Verantwortliche für Methodologiekurse unterrichteten sie quantitative Techniken in einem Kontext, in dem es keine Mittel für die Forschung gab. Ihre von expliziten ideologischen Stellungnahmen distanzierte Orientierung koexistierte mit politisierten rechtsextremen Philosophen, die für theoretische und philosophische Fächer zuständig waren. In diesem Fall ebnete die Idee der Soziologie als Zweig der Philosophie den Weg für das Studium der thomistischen Philosophie, der Enzykliken des Vatikans und rassistischer deutscher Autoren.

[2] Unter den neuen Lehrern befanden sich zwei pensionierte Offiziere. Andere hatten an militärischen Ausbildungsstätten unterrichtet. Fernando Cuevillas (1926–2015), ein traditioneller *sociólogo de cátedra*, hatte als Berater des Informationsdienstes der militärischen Luftwaffe gearbeitet.

[3] Seit ihrer Eröffnung im Jahr 1874 wurden zehn ihrer Absolventen zu Präsidenten und unzählige andere zu Sekretären verschiedener Verwaltungen (zivile und militärische) ernannt. Das monu-

gegen dem, was der Name vermuten lässt, hatte die FDyCS, eine der konservativsten Einheiten, kein Interesse an der Soziologie. Es gab also keine institutionelle Integration, und die zögerliche Unterstützung beschränkte sich auf die Überlassung einiger Klassenräume, in denen der Unterricht stattfinden sollte. Es ist bemerkenswert, dass es sich dabei nicht um irgendwelche Klassenzimmer handelte, sondern um solche, die sich im Keller des traditionellen Gebäudes befanden, in einem Bereich, der gewöhnlich als „Katakomben" bezeichnet wird. Die Botschaft war klar: Die Bedeutung der Ausbildung von Soziologen war weit entfernt von der Bedeutung der Ausbildung zukünftiger Juristen. Obwohl der Mangel an angemessenen Räumlichkeiten für den Unterricht und die Forschungstätigkeiten für die Soziologie an der UBA nicht neu war, führte ihr neuer Standort, entfremdet und fast versteckt von den Hauptaktivitäten des FDyCS, zu einer ausgeprägten symbolischen Degradierung (Raus 2007).

Einige der Neuankömmlinge gaben sich jedoch der Illusion hin, dass die Militärs, sobald sie sicher waren, dass die Disziplin von ihren früheren politischen und ideologischen „Voreingenommenheiten" befreit war, sie in der Rolle eines „fachkundigen" Dieners der Regierung übernehmen würden. Ihrer Ansicht nach könnte die Erhaltung der Schule als ein erster Schritt auf dem Weg zu einflussreichen „technischen" Aufgaben für die Disziplin betrachtet werden. So erklärte Carlos Weiss, ein Rechtsanwalt, der 1977 zum Leiter des Programms ernannt worden war, bei der Gründung des Planungsministeriums gegenüber einer populären Zeitschrift, dass das neue Ministerium „gut ausgebildete akademische Soziologen" benötigen würde (Perel et al. 2006, S. 230). Sein Nachfolger, Efraín del Castillo, ging sogar noch weiter und stellte sich die Schaffung eines Studiengangs für Politikwissenschaft und eines für öffentliche Verwaltung vor, die in einer neuen (und imaginären) Fakultät für Sozialwissenschaften untergebracht werden sollten, in der auch Soziologie zugelassen werden könnte (Perel et al. 2006). Das war jedoch nicht mehr als Wunschdenken: Das Planungsministerium existierte nur kurze Zeit, und im Allgemeinen waren die Regierungsbeamten nicht auf Soziologen als wichtige Berater

---

mentale, an den Parthenon erinnernde Gebäude, in dem die Schule untergebracht war, ist Ausdruck ihrer Bekanntheit.

oder Informationslieferanten angewiesen; die nicht gewürdigte tägliche Arbeit in den schattigen Kellern des FDyCS muss für diejenigen, die eine „offizielle" Soziologie fördern wollten, eine ständige Erinnerung an ihre Marginalität gewesen sein. Im Gegensatz zu anderen autoritären Erfahrungen, wie sie in einigen osteuropäischen kommunistischen Ländern (Bucholc 2016) oder sogar in der UdSSR (Titarenko und Zdravomyslova 2017) oder im Naziregime (Klingemann 1992) gemacht wurden, wurden die Soziologen[4] also nicht von der Regierung als Sozialforscher mobilisiert, um die Entscheidungsfindung mit Informationen zu unterstützen (und zu legitimieren). Sie wurden auch nicht zur ideologischen Unterstützung herangezogen, da die argentinische Diktatur im Gegensatz zu totalitären Regimen keine neue Doktrin oder eine kohärente Einparteienideologie ausarbeitete.[5] Da es keine interessierten Mäzene gab, die nach neuen Erkenntnissen fragten und Forschungsgelder zur Verfügung stellten, blieb die Soziologie an der UBA ein undurchsichtiges Unterfangen[6] und auch eines, in dem empirische Studien nicht bevor-

---

[4] Wie die Fachliteratur gezeigt hat, wurden totalitäre Regime von Soziologen nicht immer abgelehnt und stellten auch kein unüberwindliches Hindernis für die Sozialforschung dar (Turner 1992). Während expliziter Widerspruch zur offiziellen Parteiideologie natürlich nicht in Frage kam, konnten soziologische Aktivitäten überleben (und in einigen Fällen sogar gedeihen), da Soziologen als Experten (und nicht als Ideologen) in den Dienst der Verwaltung gestellt wurden. In Deutschland beispielsweise wurde die Aufbereitung entscheidungsrelevanter Informationen von Experten übernommen, zu denen auch die Soziologen gehörten, da die „eigene *Weltanschauung* der NSDAP Expertenwissen nicht ersetzen konnte". Die Soziologie wurde also „modernisiert", indem sie sich verstärkt mit „nützlicher" empirischer Forschung beschäftigte (Klingemann 1992, S. 125–126).

[5] Wie die anderen Militärdiktaturen, die parallel dazu in Chile, Brasilien oder Uruguay errichtet wurden, setzte die argentinische Regierung eher auf passiven Gehorsam und Konformität als auf begeisterte Zustimmung. Allgemeiner und allgegenwärtiger Terror wurde eingesetzt, um jegliche Opposition gegen ein Programm zu unterdrücken, das auf die Wiederherstellung der Macht der traditionellen Eliten abzielte (Kirtchik und Heredia 2015).

[6] Es ist ein zusätzlicher Indikator für die Marginalität des Programms, dass diejenigen, die über aktive Netzwerke mit staatlichen Beamten verfügten und folglich bessere berufliche Optionen finden konnten, nicht im Lehrkörper blieben. So beschloss Roberto Brie, ein thomistischer Philosoph und ehemaliger Priester, nach nur einem Semester, seine Energien im CONICET zu bündeln, wo er es dank einer bedeutenden ideologischen „Reinigung" zu einem einflussreichen Beamten im Bereich der Sozialwissenschaften brachte (Bekerman 2013). Zu diesem Zeitpunkt wurde er auch zum offiziellen Vertreter bei der UNESCO ernannt und mit wichtigen Finanzmitteln ausgestattet, die er zur Herausgabe einer Zeitschrift namens *Sociológica* und zur Gründung eines außeruniversitären Forschungsinstituts nutzte. Dennoch wurden keine wichtigen Studien durchgeführt, und nach der Rückkehr der Demokratie 1983 wurde Brie wegen Beteiligung an einer Korruptionsaffäre angeklagt (Rodríguez 2015).

zugt wurden. Es überrascht nicht, dass das Forschungsinstitut bis 1981 geschlossen blieb, und als es schließlich wiedereröffnet wurde, stand es unter der Leitung von Rodolfo Tecera del Franco, dem alten *sociólogo de cátedra*, der, wie in Kap. 1 beschrieben, vor der Erneuerung 1955 den Lehrstuhl für Soziologie innehatte.[7]

Unter diesen Bedingungen gab es eine scharfe Trennung zwischen den Lehrinhalten und der Analyse der sozialen Realität. Dies stand im Gegensatz zur „wissenschaftlichen Soziologie", die den Schwerpunkt auf die Erforschung der wichtigsten Probleme der argentinischen Gesellschaft legte, und zur politisierten Phase, in der politische Angelegenheiten von Lehrkräften und Studenten ständig untersucht und mit großem Eifer hinterfragt wurden. So kam es, dass Kurse, die sich mit der Verfassung und den Problemen der argentinischen Gesellschaft befassen sollten, zwei Historikern zugewiesen wurden, die sich nicht mit kontroversen Themen befassen wollten und die Ereignisse, die mit dem Peronismus in der Mitte des 20. Jahrhunderts begannen, nicht behandelten. Von wenigen Ausnahmen abgesehen enthielt die obligatorische Kursliteratur nicht die in den vorangegangenen Jahren von ehemaligen Mitarbeitern erstellten wissenschaftlichen Arbeiten. Kritische Werke wurden natürlich ausgelassen, aber auch eher losgelöste Arbeiten der „wissenschaftlichen Soziologie" wurden nicht berücksichtigt. In einem Kurs von Tecera del Franco, der laut Lehrplan die „argentinischen Krisen der Gegenwart" behandeln sollte, war das einzige Material, das sich mit der lokalen Realität befasste, *Los que mandan* (*Those Who Rule*) von de Ímaz.

Wie zu erwarten war, wurde die Zahl der Studenten stark beeinträchtigt: Waren es 1972 noch fast 2800, so waren es 1980 nur noch 500. Der Rückgang der Einschreibungen stand im Einklang mit der allgemeinen restriktiven Politik des Militärs, die darauf abzielte, den Zugang zur Hochschulbildung einzuschränken und das zu schwächen, was sie als eher kriegerische Programme ansahen. Doch während es in den meisten anderen Studiengängen Zeiten gab, in denen für drei Viertel der

---

[7] Es ist bemerkenswert, dass del Franco sich in der Zwischenzeit nicht der Auffrischung seiner soziologischen Ausbildung gewidmet hatte. Vielmehr hatte er seine akademische Berufung aufgegeben und sich mit Begeisterung einer Karriere als Berufspolitiker zugewandt. Als Kongressabgeordneter vertrat er die rechtsgerichteten Fraktionen des Peronismus.

Bewerber kein Platz mehr war (Unzué 2020), wurde in der Soziologie die jährlich zulässige Quote nicht immer erfüllt. So verlor der Studiengang mit einer schrumpfenden Zahl von Studenten, die sich von der Fakultät losgelöst hatten und mit schlechten materiellen Bedingungen konfrontiert waren, und mit einem Lehrkörper, der sich aus einer unteren Kaste von ungelernten Neuankömmlingen zusammensetzte, die zentrale Stellung, die er traditionell im lokalen soziologischen Bereich hatte. Infolgedessen erlangten einige Privatuniversitäten wie die Universität von El Salvador und die Universität Belgrano, die Teilzeitstellen anboten, eine relativ große Bedeutung als Lehreinrichtungen. Die Forschungsaktivitäten wurden zumeist in den privaten Forschungsinstituten durchgeführt.

Private Forschungsinstitute in einem feindlichen Kontext. Eine „Enklaven"-Soziologie?

Wie bereits angedeutet, waren die privaten Forschungsinstitute im intellektuellen Bereich Argentiniens eine häufige und langfristige Erscheinung. Sie waren als Reaktion auf die andauernde Instabilität der öffentlichen Universitäten mit ihren ständigen und starken politisch motivierten Veränderungen entstanden (Thompson 1994). Als es 1973, 1974 und 1976 zu neuen (widersprüchlichen) Säuberungswellen kam, existierte bereits ein dichtes Netz von Denkfabriken, die von der Regierung relativ isoliert waren (oder kurz davor standen). Die meisten von ihnen, wie das Zentrum für das Studium von Staat und Gesellschaft (CEDES) und das Zentrum für Bevölkerungsstudien (CENEP), waren aus dem Torcuato Di Tella Institut (ITDT) hervorgegangen.[8] Daher waren ihre Mitglieder, die der „wissenschaftlichen Soziologie" angehörten und in der Regel ein Studium an amerikanischen Eliteeinrichtungen absolviert hatten, mit einer professionalisierten akademischen Kultur vertraut. Die Veröffentlichung

---

[8] Seit Anfang der 1970er-Jahre sah sich das ITDT mit zunehmenden wirtschaftlichen Schwierigkeiten konfrontiert, die die Behörden zu einer Verkleinerung des Instituts veranlassten.

von Artikeln und das Verfassen von Berichten sowie die Pflege von Kontakten zu internationalen Institutionen waren ihnen nicht unbekannt.[9]

Doch die umfassende Zensur, die Verfolgung und der Terror, den die Militärs nach ihrer Machtübernahme ausübten, beeinträchtigten die Arbeit in den Denkfabriken erheblich. Während einige Mitglieder bedroht wurden und ins Exil gehen mussten, waren diejenigen, die blieben, gezwungen, Diskretion zu wahren. Eine größere Sichtbarkeit konnte die Reaktion einer Regierung auslösen, die keinen Hehl aus ihrer Bereitschaft machte, jede Quelle von Dissens oder Kritik gewaltsam zu beseitigen (Vessuri 1990; Wainerman 2015). Das Kriegsrecht und Ausgangssperren wurden verhängt. Da Treffen, auch wenn sie rein wissenschaftlicher Natur waren, Verdacht erregen konnten, kam eine Veröffentlichung ihrer Aktivitäten nicht in Frage, ganz zu schweigen von offener Kritik an der Regierungspolitik. Ihre geringe Bekanntheit führte dazu, dass Forscher begannen, das Netzwerk der Denkfabriken, an denen sie beteiligt waren, als „Katakomben-Universität" zu bezeichnen (Sábato 1996).[10] Als „unterirdische" intellektuelle Aktivität war sie (relativ) vor Repressionen geschützt, aber gleichzeitig war sie jeder Möglichkeit beraubt, mit einer breiteren lokalen Öffentlichkeit und Klientel in Kontakt zu treten. Aus demselben Grund war auch eine lokale Finanzierung nicht möglich. Ohne einheimische Mäzene kam die Unterstützung dementsprechend aus dem Ausland.[11]

---

[9] In diesen Instituten arbeiteten Soziologen zusammen mit Wirtschaftswissenschaftlern, Politikwissenschaftlern und Demografen, die sie aus dem früheren ITDT kannten. Obwohl dies nicht unbedingt bedeutete, dass sie an denselben Projekten arbeiteten, war die Anwesenheit von Vertretern verschiedener Disziplinen in den neuen Instituten eine Möglichkeit, die Kräfte in einem eindeutig schwierigen Kontext zu bündeln.

[10] Als einer der Institute, das Sozialwissenschaftliche Forschungszentrum (CICSO), eine Sitzung organisierte, um die Ergebnisse einer Studie über die bewaffneten Konflikte vor 1976 zu diskutieren, war die Reaktion Angst. Wie sich ein Mitglied des CICSO erinnerte, würde die Episode „nicht ohne einen hohen Preis für uns ablaufen, da fast alle Institute in Buenos Aires uns als 'verrückt' brandmarken und sich dann von uns zurückzogen, als wären wir die Pest […] Ein guter Freund von mir [der in einem anderen Institut arbeitete] sagte mir, wir hätten die gesamte sozialwissenschaftliche Gemeinschaft in Gefahr gebracht. Ich versuchte ihm klarzumachen, dass es in der Studie um die Tatsachen zwischen 73 und 76 ging, nicht um die Militärregierung, was er nicht einmal bemerkt hatte, so groß war seine Furcht" (zitiert in Santella 2000, S. 7).

[11] Die Umstände waren besonders extrem und standen im Gegensatz zur Situation in Brasilien, wo die Repression durch die Militärregierung, die 1964 begann, viel selektiver und begrenzter war. In diesem Fall entstanden in ähnlicher Weise private Forschungsinstitute, die ebenfalls von aus-

Dies war sicherlich nicht neu, da die Gelder der Rockefeller- und der Ford-Stiftung bei den ITDT-Aktivitäten eine zentrale Rolle spielten (siehe Kap. 2). Die Errichtung einer strengen Diktatur stärkte jedoch die Position der argentinischen Sozialwissenschaftler auf dem Markt der internationalen wissenschaftlichen Philanthropie. Zu den US-Stiftungen gesellten sich internationale, europäische und kanadische Kooperationsorganisationen wie die Swedish Agency for Research Cooperation (SAREC) und das International Development Research Center (IDRC) (Brunner und Barrios 1987). Die Unterstützung der Sozialwissenschaften wurde als Beitrag zum Widerstand gegen ein autoritäres Regime gesehen, das eindeutig gegen die meisten grundlegenden Menschenrechte verstieß. Es war auch ein Weg, eine Elite von Sozialwissenschaftlern zu erhalten, die sich in relevanten öffentlichen Rollen engagieren könnten, sobald sich die politische Situation verbessert (Berger und Blugerman 2017). Die Finanzierung war entsprechend großzügig und ermöglichte, wenn auch nicht ohne Einschränkungen, die Durchführung vieler Studien. Zwischen 1975 und 1983 stellte allein die Ford Foundation fast 1,7 Millionen US-Dollar für Argentinien zur Verfügung (Berger und Blugerman 2017), inflationsbereinigt bis 2020. Darüber hinaus wirkte die Förderung durch internationale Agenturen wie ein Schutz (zumindest sahen lokale Wissenschaftler dies so) gegen die Hexenjagd, die das intellektuelle Feld verfolgte (Heredia 2011; O'Donnell 2007; Morales Martín und Algañaraz Soria 2016). Die weitere Internationalisierung wurde dann als umfassende Überlebensstrategie gewertet, die nicht nur die Fi-

---

ländischen Stiftungen finanziert wurden, als Reaktion auf die Eingriffe in die Universitäten und die Entlassung einiger Professoren. Die brasilianischen Institute waren jedoch weit davon entfernt, sich auf Untergrundaktivitäten zu beschränken. Während sie in der Lage waren, eine Forschungsagenda zu entwickeln, die eng mit lokalen oppositionellen Akteuren verbunden war, die die Aufmerksamkeit auf die Ausbreitung von Armut und sozialer Rückständigkeit lenken wollten, spielten einige ihrer Mitglieder, wie etwa Fernando Henrique Cardoso, eine sehr aktive Rolle im öffentlichen Raum und im politischen Bereich. In der Tat waren Soziologen einflussreiche Akteure bei der Organisation der wichtigsten oppositionellen Parteien, die eine Rückkehr zur Demokratie anstrebten. Während eines der wichtigsten Institute, das Brasilianische Zentrum für Analyse und Planung (CEBRAP), enge Beziehungen zur Brasilianischen Demokratischen Bewegung (MDB) unterhielt, spielte das Zentrum für zeitgenössische Kulturstudien (CEDEC), ein weiteres einflussreiches Zentrum, eine Schlüsselrolle bei der Gründung der Arbeiterpartei (*Partido dos Trabalhadores*). Infolgedessen erlangte die Soziologie in den Augen der breiten Öffentlichkeit einen bedeutenden Stellenwert (Cordeiro und Neri 2019). Es ist erwähnenswert, dass Fernando Henrique Cardoso 1994 zum Präsidenten Brasiliens gewählt wurde.

nanzierung sicherstellte (in einem Kontext, in dem offensichtlich war, dass es keine Gelder aus lokalen Quellen geben würde), sondern auch für persönliche Sicherheit sorgte (Algañaraz Soria 2013). Und doch blieb eine solche Strategie nicht ohne Folgen.

Sowohl die Forschungsthemen als auch die Art und Weise, wie sie erforscht werden, waren zunehmend untrennbar mit den Orientierungen der Geldgeber verbunden. Natürlich gab es diejenigen, die den Stiftungen eine intellektuelle Agenda verkaufen konnten, mit der sie bereits beschäftigt waren. Dies war der Fall bei dem Politikwissenschaftler Guillermo O'Donnell, der von der CEDES aus, die er 1975 mitbegründet hatte, seine Forschungen über den so genannten bürokratischen autoritären Staat fortsetzen konnte (O'Donnell 2007). Mit diesem Thema hatte er bereits während seiner Promotion an der Yale University Anfang der 1970er-Jahre begonnen. Andere waren durchlässiger für die Präferenzen ihrer Geldgeber und mussten zu Themen forschen, die für sie neu waren und die sie sicher nicht gewählt hätten, wenn sie über andere Quellen der Unterstützung verfügt hätten. In diesen Fällen musste die intellektuelle Neugier (oder die vorherige politische Beschäftigung mit bestimmten Themen) im Namen des Überlebens geopfert werden. Dies war, zumindest anfangs, bei der Lateinamerikanischen Fakultät für Sozialwissenschaften (FLACSO) der Fall. Dieses Zentrum wurde 1974 in Buenos Aires als Reaktion auf die Schwierigkeiten der chilenischen Zentrale nach dem Putsch von General Augusto Pinochet im Jahr 1973 eröffnet. Das FLACSO sollte Forschung und Lehre in Bereichen wie politische und städtische Soziologie sowie politische Philosophie betreiben und wurde von der UBA und der argentinischen Regierung finanziert. Die Lage war also nicht einfach, als der Rechtsruck in der argentinischen Politik zur Aufkündigung dieser Vereinbarungen führte und zudem potenzielle Feindseligkeiten mit einer Militärregierung nach sich zog, die ernsthaft in Erwägung zog, FLACSO auf ihre Liste der terroristischen Organisationen zu setzen. Als alles auf die Schließung dieses Zentrums hindeutete, wurde es durch einen Forschungszuschuss der niederländischen Regierung gerettet, der die Aufrechterhaltung des Betriebs ermöglichte. Der Preis dafür war jedoch hoch, da eine erhebliche Neuausrichtung der Interessen erforderlich war. Die Studie, die finanziert wurde, befasste sich mit Stillpraktiken (Algañaraz Soria 2013). Dieses Beispiel ist sicherlich extrem, und wie die Literatur zur Finanzierung zeigt, haben die Empfänger immer einen gewissen Spielraum (Turner 1999). Dennoch waren Studien zu Bevölkerung, Frauen und sexueller und reproduktiver Gesundheit, die wichtige Themen in der Arbeit von Instituten wie CEDES und CENEP waren, untrennbar mit der Agenda verbunden, die ausländische Organisationen, insbesondere die Ford Foundation, zu diesem Zeitpunkt vorantrieben (Berger und Blugerman 2017). Ohne diese Finanzierung und die Abhängigkeit der lokalen Wissenschaftler von ihr wäre die Entwicklung dieser Bereiche sicherlich langsamer verlaufen.

Die Steigerung der Produktivität war ein weiteres Ergebnis des Aufstiegs der Stiftungen, denn die Durchführung von Studien (und die Erstellung von Berichten) in einem beschleunigten Tempo wurde zu einer entscheidenden Voraussetzung für den Zugang zu neuen Mitteln und damit für die Sicherung des Fortbestands der Denkfabriken. Wie Brunner und Barrios (Brunner und Barrios 1987, S. 157) feststellten, wurde die „US-Maxime 'publish or perish'" lokal mit „wer nicht schreibt, wird nicht bezahlt" übersetzt. Es stimmt, dass die Mitglieder der Institute auf diese Herausforderung nicht unvorbereitet waren, da sie mit den anspruchsvollen Produktivitätsstandards vertraut waren.[12] Die neuen Arbeitsbedingungen erhöhten jedoch den Druck (Morales Martín und Algañaraz Soria 2016), insbesondere weil die Finanzierung im Allgemeinen projektbezogen erfolgte und keine institutionelle Unterstützung oder Gemeinkosten (die zur Deckung von Fixkosten wie Gehältern, Verwaltung, Raummiete usw. verwendet werden könnten) angeboten wurden (Berger und Blugerman 2017).[13] Infolgedessen befanden sich die Institute in einem frenetischen Wettlauf, bei dem ein Projekt dem nächsten folgte ebenso wie die „kreative Buchführung" die Regel war.[14] Catalina Wainerman (1933-), eine der Gründerinnen des CENEP, erinnert sich:

---

[12] Veröffentlichungszwänge waren innerhalb des ITDT keine Seltenheit. Als das Zentrum unter finanziellen Problemen zu leiden begann und eine Verkleinerung beschlossen wurde, war die Veröffentlichung von Studien einer der wichtigsten Punkte, der zur Verfügung stand.

[13] Es gab einige Ausnahmen. Im Jahr 1983 gewährte Ford der CEDES einen großzügigen Zuschuss, der es ihr ermöglichte, ein Haus zu kaufen, in das sie ihren Sitz verlegen konnte.

[14] Die Kritik an dieser Art der Finanzierung war nicht ungewöhnlich, und Institute in verschiedenen Ländern forderten eine flexiblere und längerfristige Finanzierung (Brunner und Barrios 1987).

Ich hätte nie gedacht, dass [die Eröffnung des Zentrums die Annahme] einer neuen Lebensweise bedeuten würde, nicht nur eine neue Art, seinen Lebensunterhalt zu verdienen. Es gab [...] keinen Luxus, sondern viel, viel Arbeit und Aufopferung, Projektentwürfe, Finanzierungsanträge, ständige Evaluierungen, einen strengen Zeitplan und quälende Wartezeiten, ohne zu wissen, ob wir wirtschaftlich überleben können. Aber schlimmer noch, wir waren nicht einmal in der Lage, eine Pause einzulegen, um den Erhalt einer Finanzierung zu feiern, so dass wir mit der Planung des nächsten Projekts beginnen mussten, um das Fließband, d. h. das Zentrum, am Laufen zu halten. Und das alles in einem Land, das unsere Produktion, die aus dem Ausland kam und auf das Ausland ausgerichtet war, weder schätzte noch konsumierte. Oft fühlte ich mich wie ein „Zauberlehrling", der nicht aufhören konnte, Projekte über Projekte zu machen, damit das CENEP nicht untergeht, auch wenn meine eigenen Bedürfnisse vielleicht befriedigt werden konnten. [Ich war wie ein] „Zauberlehrling", der ein Projekt entwarf, eine Finanzierung erhielt und den Bericht ablieferte, der es mir ermöglichte, eine neue Zeile in meinen Lebenslauf zu schreiben und so meine Chancen auf Erfolg bei der nächsten Ausschreibung zu erhöhen. Und das alles ohne jeglichen Transfer in die Gesellschaft, denn die Berichte landeten in den Aktenschränken der Förderorganisationen und vielleicht in einem Artikel, den ich schreiben konnte, oder in einer Präsentation, die ich [auf einer internationalen Konferenz] halten konnte. (Wainerman 2015, S. 116–117)

Alles in allem war die Finanzierung aus dem Ausland für das Überleben der Forschungsaktivitäten unerlässlich. Sie war auch wichtig für die Herausbildung einer lokalen soziologischen (und sozialwissenschaftlichen) Elite mit engen Verbindungen zur internationalen Philanthropie und zu Forschungsagenden. Die Internationalisierung war in der Tat eine treibende Kraft. Reisen zu Konferenzen, Einladungen an ausländische Kollegen und Gastaufenthalte an einer Universität im „Norden" wurden ebenso gefördert wie das Publizieren in englischer Sprache. Die CEDES begann, ihr jährliches Bulletin herauszugeben, in dem ihre Aktivitäten auf Englisch, der Sprache der internationalen Philanthropie, zusammengefasst wurden. Da die Stiftungen auf regionaler Basis arbeiteten, wobei der Südkegel als Einheit betrachtet wurde, wurde die Zusammenarbeit mit brasilianischen, chilenischen und uruguayischen Wissenschaftlern sowie eine „regionale Perspektive" (Calandra 2019) gefördert. Da der nationale Kontext nicht sehr einladend war, wurden die regionalen und internationalen Kontexte stärker.[15]

In den letzten Jahren wurde die Abhängigkeitstheorie, die ursprünglich entwickelt wurde, um die sozioökonomische Entwicklung in Lateinamerika zu verstehen (Cardoso und Faletto [1971] 1979), aufschlussreich mobilisiert, um die akademische und intellektuelle Abhängigkeit in Lateinamerika zu verstehen (Beigel 2013, 2019). Diesem Gedankengang folgend lässt sich feststellen, dass private Forschungsinstitute angesichts der Zensur und Verfolgung, die die Ansprache lokaler Öffentlichkeiten und Klientel sowie die freie Verbreitung von Ergebnissen behinderten, wie koloniale „Enklaven" funktionierten, d. h. als „modernisierte" Räume in enger Verbindung mit dem internationalen Mainstream, mit eigenen Produktionsmitteln, aber ohne nennenswerten Einfluss auf die von ihnen untersuchte Gesellschaft und den Rest ihrer soziologischen Institutionen. Die „Trickle-down-Effekte" waren daher begrenzt, da keine Verbindung mit dem UBA-Programm möglich war[16] und die Ressourcen für die Aus-

---

[15] Diejenigen, die ins Exil gingen, erlebten einen konvergierenden Trend zur Regionalisierung unter ganz unterschiedlichen Bedingungen. Während sich einige für Frankreich und Venezuela entschieden, gab es eine bedeutende Gruppe, die nach Mexiko ging. Zu dieser Zeit erlebte Mexiko aufgrund des hohen Ölpreises einen wirtschaftlichen Aufschwung, der eine beträchtliche Aufstockung der Mittel für die Universitäten und andere Forschungsinstitute ermöglichte (Reyna 2005). Viele Soziologen (und Sozialwissenschaftler) aus Argentinien, Brasilien und Chile wurden von einem Land, das traditionell dazu neigt, politische Exilanten aufzunehmen, herzlich willkommen geheißen. Sie wurden als hauptamtliche Lehrkräfte und Forscher an wichtigen Institutionen wie der Nationalen Autonomen Universität von Mexiko (UNAM), FLACSO und der Hochschule von Mexiko angestellt und fanden dort wesentlich bessere Arbeitsbedingungen und Gehälter vor als in Argentinien. Unter diesen Soziologen gab es einige, die der marxistischen Soziologie nahestanden und die ihre Arbeitsbedingungen nutzten, um intensive Debatten über die Gründe für die Niederlage der sozialen Bewegungen in Argentinien und Lateinamerika und die Einführung eines weit verbreiteten Autoritarismus zu führen. Der Einfluss des Eurokommunismus trug wesentlich dazu bei, dass sie das Politische als Hauptvariable der Sozialanalyse und die demokratischen Institutionen, die sie traditionell als rein „formal" oder „bürgerlich" vernachlässigt hatten, neu bewerteten (siehe nächstes Kapitel).

[16] Es versteht sich von selbst, dass es keine Beziehungen zwischen den Mitarbeitern der privaten Forschungsinstitute und denen des UBA-Programms gab. Während seiner Ernennung zum UNESCO-Beamten war Brie für das argentinische Kapitel einer internationalen Studie über die Situation der Sozialforschung in verschiedenen Ländern zuständig. In seinem Bericht erwähnte er nicht die Arbeit, die an den privaten Instituten geleistet wurde (Rodríguez 2017). Diese Situation verstärkte die Entfremdung des UBA-Programms und seine Endogamie (da die gegenseitige Bezugnahme in den Lehrplänen üblich war). Diese Selbstreferenzialität, zusammen mit dem niedrigen

bildung junger Assistenten begrenzt waren. Das CEDES beispielsweise startete ein zweijähriges Stipendienprogramm zur Ausbildung junger Forscher, aber bis 1983 hatten nur vier Absolventen dieses Programm abgeschlossen (Morales Martín und Algañaraz Soria 2016). Forschung und Lehre blieben folglich voneinander entkoppelt.[17]

Soziologie als Beraterberuf. Ein Trostpreis?

Die Auferlegung von Zensur und autoritärer Herrschaft setzte den heißen und weit verbreiteten Debatten darüber, was Soziologie war und sein sollte, ein plötzliches Ende. Viele der wissenschaftlichen und kulturpolitischen Zeitschriften, in denen diese Debatten geführt worden waren, wurden geschlossen, da Diskretion für viele zu einer Frage von Leben und Tod wurde. Dennoch ließen die Bedenken über die Soziologie als Beraterberuf und die Sorgen über die Zukunft der Absolventen nicht nach. Sie konnten es nicht. Bis 1978 gab es allein in der Stadt Buenos Aires mehr als 2200 Personen, die ihr Soziologiestudium abgeschlossen hatten (Bialakowsky 1982). Und der Arbeitsmarkt, der schon immer ziemlich angespannt war, wurde nicht größer. Wie bereits erwähnt, wurden die Studiengänge an den öffentlichen Universitäten abgebaut und Soziologen entlassen. Die Einschätzung der Soziologie durch das Militär als „subversiv" trug nicht dazu bei, die traditionell unsicheren Beschäftigungsaussichten der Absolventen zu verbessern. Vollzeitstellen, sei es in der Professorenschaft oder außerhalb, waren unzureichend, und

---

Niveau und den Standards, würde die Entlassung des Personals bei der Wiedereinführung der Demokratie erleichtern (siehe nächstes Kapitel).

[17] Diese Situation stand auch in scharfem Kontrast zu den Ereignissen in Brasilien, wo selbst unter autoritärer Herrschaft Forschung und Lehre Hand in Hand gedeihen konnten. Zwar sparten die Militärs nicht mit Repressionen und Säuberungen an den Universitäten, aber sie förderten auch eine Modernisierungsreform, die zu einer beispiellosen Ausweitung von Vollzeitstellen, Forschungsmitteln und Graduiertenprogrammen führte. Obwohl die Regierung die Natur- und Technikwissenschaften fördern wollte, konnten die Sozialwissenschaften von der Situation profitieren (Motta 2014). Natürlich musste ein explizit kritischer und radikaler Diskurs vermieden werden. Dennoch war es eine Zeit, in der viele Soziologen in der Lage waren, eine Karriere in der Professorenschaft zu beginnen, und das bei einem außerordentlichen Reichtum an Ressourcen. Die brasilianischen Sozialwissenschaften waren weit entfernt von den De-Institutionalisierungsprozessen, die ihre Nachbarn betrafen (Garreton et al. 2005).

nach den Daten einer in jenen Jahren durchgeführten Umfrage musste ein großer Teil der Soziologen ihre „soziologisch verwandten" beruflichen Tätigkeiten mit Aufgaben ergänzen, die nicht viel mit dem zu tun hatten, was sie studiert hatten (Bialakowsky 1982).

Und doch entstand in dieser schwierigen Situation – oder vielleicht gerade deshalb – der erste Berufsverband, der die Soziologie als beratenden Beruf „unternehmerisch" verteidigen wollte. Zweifellos war das Verschwinden eines Großteils des radikalen Diskurses, der die angewandte Soziologie anprangerte und die Politisierung förderte, ein wichtiger Faktor. 1975 wurde in Buenos Aires eine Vereinigung von Absolventen der Soziologie (CGS) von einer Gruppe von Personen gegründet, die die Arbeitsmöglichkeiten von Soziologen und ganz allgemein die Stellung ihrer Disziplin innerhalb des Berufssystems verbessern wollten.[18] Die Initiatoren der Organisation waren keine bekannten Soziologen und hatten im Allgemeinen keinen Ruf in der akademischen Welt oder in radikalen Aktivistenkreisen. Dies und die Tatsache, dass sie sich auf rein fachliche Fragen konzentrierten (und dementsprechend nicht bereit waren, sich mit politischen Fragen zu befassen), begünstigte das Überleben der CGS in dem feindseligen Umfeld der Überwachung. Während die privaten Forschungsinstitute einen Zufluchtsort für all jene darstellten, die nicht ohne Schwierigkeiten eine akademische Karriere anstrebten, bot sich die CGS als Treffpunkt für all jene an, die ohne die Möglichkeit oder die Absicht, als Akademiker zu arbeiten, versuchten, eine Nische auf dem nichtakademischen Arbeitsmarkt zu finden. Letztere bildeten die große Mehrheit: Laut der oben erwähnten Studie gaben nicht mehr als 15 % an, eine akademische Stelle als Hauptberuf zu haben. Die übrigen wurden meist in nicht-akademischen Positionen im öffentlichen Sektor oder in einigen privaten Unternehmen eingestellt (Bialakowsky 1982).

Das CGS bot eine breite Palette von kurzen Postgraduiertenkursen und Seminaren zu „technischen" Themen wie Methodik und Forschungsinstrumente an. Diese waren vor allem bei denjenigen beliebt, die sich

---

[18] Andere ähnliche Organisationen wurden parallel dazu in verschiedenen Städten im Landesinneren wie La Plata, San Juan und Santiago del Estero gegründet, wo die Schwierigkeiten für Soziologen nicht geringer waren (Carrera 2019).

ein marktfähiges Fachwissen aneignen wollten, um ihre Chancen auf einen Arbeitsplatz zu verbessern, sei es in einem staatlichen Amt oder in der Unternehmenswelt. Für diejenigen, die in der Zeit der extremen Politisierung studiert hatten, als spezifische methodische Fragen vernachlässigt wurden und keine nennenswerten empirischen Forschungserfahrungen zugänglich waren, erschien die Teilnahme an diesen Kursen in der Tat als eine Möglichkeit, das zu kompensieren, was sie nun als Defizite in ihrer soziologischen Ausbildung ansahen. Für andere war es einfach eine Möglichkeit, den Anschluss an eine Disziplin zu halten, die sie nicht ausüben konnten. Im Gegensatz zu früheren Auffassungen, die die Idee, die Disziplin an eine breite Klientel zu verkaufen, strikt in Frage stellten, verteidigte die CGS offen die Konstituierung der Soziologie als „Beratungsberuf" nach dem Vorbild klassischer Berufe wie Jura, Ingenieurwesen oder Medizin. Darüber hinaus wurde die „Ideologisierung" als eine irreführende Option dargestellt, die den Weg „zur Entfremdung der spezifischen Rolle" des Soziologen und zu seiner unvermeidlichen „Frustration" ebnete (Bialakowsky 1982, S. 4). Nach dieser Auffassung könnte die Beratungstätigkeit nicht nur „unseren Lebensunterhalt" sichern, sondern auch das „Selbstwertgefühl" stärken und eine Möglichkeit bieten, „der Gemeinschaft nach besten Kräften zu dienen" (Bialakowsky 1982, S. 1).

Wie man sieht, führte der neue Kontext zu einer Wiederbelebung der Ideen derjenigen, die wie Germani, auf den sich der Bericht bezieht, die Einbeziehung von Soziologen in den Staat und in private Unternehmen verteidigt hatten. Diese Wiederbelebung war jedoch eine Besonderheit. In der Vergangenheit waren Überlegungen darüber, wie Soziologen ihren Lebensunterhalt verdienen können, stets Teil einer umfassenderen Frage nach der gesellschaftlichen Rolle der Disziplin. Und wie in den Kap. 2 und 3 gesehen wurde, waren die Antworten nicht bescheiden. Die Befürworter der angewandten Soziologie glaubten, dass sie zu einer intellektuellen Kraft werden könnte, die in der Lage ist, die soziale Vernunft zu erhöhen. In einigen Fällen, wie z. B. bei Di Tella, wurde behauptet, die angewandte Soziologie könne sogar „wissenschaftliche Revolutionen" herbeiführen, die mit der Psychoanalyse, dem Keynesianismus oder dem Marxismus vergleichbar seien. In ähnlicher Weise behaupteten diejenigen, die die angewandte Soziologie verabscheuten, dass die Disziplin radikale Veränderungen und Revolutionen ausrichten könne, wenn sie klugerweise mit marxistischem und/oder nationalistischem Denken kombiniert werde. Obwohl scheinbar gegensätzlich, hielten beide Ansichten gleichermaßen an der Idee fest, dass Soziologen eine „Mission" haben, die weit über eine begrenzte Sorge um Probleme der Beschäftigungsfähigkeit und beruflichen Erfolg hinausgeht.

Jetzt, im Kontext einer harten Diktatur, wurde der optimistische Glaube an den kumulativen Fortschritt der Gesellschaften auf grausame Weise widerlegt, ebenso wie die Hoffnungen auf das Erlösungspotenzial der Arbeiterklassen und der mobilisierten Nationen. Da die großen Erzählungen, die die großen Visionen der Disziplin stützten, angesichts der Krisen fielen, wurden die Ambitionen zurückgeschraubt. Weit entfernt von der Frage, ob Soziologen die Gesellschaft auf ihrem Weg zur „Modernisierung" oder „Revolution" leiten sollten, betreffen die neuen Sorgen die Art und Weise, in der sich die Disziplin an die Bedürfnisse der tatsächlich existierenden Gesellschaft anpassen sollte. Ein Zeichen dieses Wandels war 1980, als die CGS eine Umfrage über das „Berufsspektrum" für Soziologen durchführte. Diese Initiative sollte, wie es in dem Bericht hieß, die Arbeitsrealität der Absolventen erhellen und war von der Hoffnung getragen, dass eine genauere Kenntnis dieser Realität Aufschluss darüber geben könnte, in welchen Bereichen Soziologen ausgebildet werden sollten. Ein solches Unterfangen könnte schließlich dazu beitragen, die „Inhalte zu definieren, mit denen sich die Soziologieschulen befassen sollten", sowie „eine klarere und deutlichere Darstellung der wahrscheinlichsten Möglichkeiten der beruflichen Praxis" (Bialakowsky 1982, S. 12). Wie die Berufsdisziplinen, die stets darauf bedacht sind, die Bedürfnisse der Arbeitgeber im Auge zu behalten, dachten auch die Soziologen in der CGS darüber nach, wie sie den Anforderungen des Arbeitsmarktes gerecht werden könnten. Der Pragmatismus siegte über den Größenwahn.

Die Wende war allgegenwärtig. 1980 wies Di Tella nachdrücklich auf die Notwendigkeit hin, über die akademischen Einrichtungen hinauszugehen, um neue Arbeitsplätze in einer Vielzahl von Einrichtungen zu finden. Doch im Vergleich zu seiner in Kap. 3 erwähnten Intervention von 1967 tat er dies im Rahmen einer viel bescheideneren Darstellung, deren Hauptanliegen die Situation junger Hochschulabsolventen war, die mit einem angespannten Arbeitsmarkt konfrontiert waren, und nicht die „wissenschaftlichen Revolutionen". Sein Hauptangriffspunkt war vielmehr die Radikalisierung und extreme Politisierung, die in seinen Augen die Entwicklung der angewandten Soziologie blockiert hatte. Für ihn war es dringend notwendig, „verrückte Ideen" zu vermeiden, die „die meisten soziologischen Kurse in Indoktrinationsforen" verwandelt hatten, und jegliches „ideologische Fieber" zu überwinden, das „die Gehirne der Studenten" beeinflussen könnte, während „ihr Interesse an den spezifisch professionellen Anwendungen ihrer Disziplin" ausgeschaltet wurde (Di Tella 1980, S. 312–313). Bei dieser Gelegenheit bezog sich seine Predigt nicht mehr auf die Psychoanalyse, den Keynesianismus oder den Marxismus als mögliche oder wahrscheinliche Modelle. Ganz im Gegenteil, die angewandte Soziologie und ihre Techniken wurden in erster Linie als Mittel zum „Broterwerb" verteidigt.

> Bei denjenigen, die sich mit Soziologie befassen, ist die Tendenz fest verankert, diese Techniken abzuwerten, entweder weil sie die Fantasie weniger anregen als allgemeine Interpretationen der Gesellschaft oder der Politik, oder weil sie nur dazu dienen, der Gesellschaft ein Pflaster aufzukleben oder lediglich die Auftraggeber zu bereichern, die diese Dienste in Anspruch nehmen. Dies mag zwar zutreffen, doch ist es nicht weniger wahr, dass es eine Notwendigkeit ist, seinen Lebensunterhalt zu verdienen, und dass diese Fachgebiete in dieser Hinsicht zu den vielversprechendsten gehören. Sobald der Soziologe seine Besessenheit von der Utopie aufgibt, wird er vielleicht klug genug, die Grenzen des menschlichen Daseins – einschließlich seiner eigenen – zu akzeptieren und sich damit abzufinden, dass er in einem wesentlichen Teil seiner Tätigkeit ein Rädchen im Getriebe der Gesellschaft ist. Soziologen müssen wie alle anderen Berufsgruppen in der Lage sein, ihren Patienten oder Klienten zu beraten und zu „heilen", ohne sich zu fragen, ob dieser Klient jeden Tag zur Messe geht oder ob er aufgrund seiner politischen Überzeugungen an der Spitze des sozialen Wandels steht. (Di Tella 1980, S. 312)

Die extrem gewaltsame Unterdrückung blieb nicht ohne Folgen für die argentinische Gesellschaft. Während die Repression und die Massenmorde tiefe und dauerhafte Spuren im sozialen Gefüge und ein anhaltendes Misstrauen gegenüber den staatlichen Sicherheitsorganen hinterließen, führte die von den Militärs und ihren zivilen Verbündeten geförderte sozioökonomische Politik auch zu einer allgemeinen (und erheblichen) Verschlechterung der Lebensbedingungen. Zu der starken Deindustrialisierung gesellten sich eine hohe öffentliche Auslandsverschuldung und eine unkontrollierbare Inflationsrate, die 1983 350 % erreichte. Als die irrationale (und zwangsläufig zum Scheitern verurteilte) Malvinas-Kampagne (Falklandkrieg) zur Implosion des Militärregimes führte, hätte die Situation kaum schlimmer sein können. Die Herausforderungen für demokratische Institutionen und eine neue Regierung waren also groß. Und für die Soziologie war die Situation nicht viel anders. De-Institutionalisierung und Verfolgung, Verringerung ihrer Ressourcenbasis und ein schwacher Arbeitsmarkt, erhebliche soziale Ächtung und eine verstärkte Abhängigkeit von ausländischer Finanzierung waren nur einige der Auswirkungen und Hinterlassenschaften der jahrelangen autoritären Herrschaft. Von der einstigen Modedisziplin, die es, wenn auch nicht ohne Schwierigkeiten, geschafft hatte, in den Medien, an der Universität und im intellektuellen Bereich populär zu werden, blieb nicht viel übrig. Der Wiederaufbau wurde zwar mit Begeisterung aufgenommen, aber die Ausgangslage war außerordentlich schwierig.

Literatur

Algañaraz Soria, Víctor. 2013. Between scientific autonomy and academic dependency: Private Research Institutes under Dictatorship in Argentina (1976–1983). The case of FLACSO. In *The politics of academic autonomy in Latin America*, Hrsg. Fernanda Beigel, 249–262. Farnham: Ashgate.

Beigel, Fernanda. 2013. Introduction: The politics of academic autonomy in Latin America. In *The politics of academic autonomy in Latin America*. Farnham: Ashgate.

———. 2019. Latin American sociology: A centennial regional tradition. In *Key texts for Latin American sociology*, Hrsg. Fernanda Beigel. Thousand Oaks: Sage.

Bekerman, Fabiana. 2013. The scientific field during Argentina's latest military dictatorship (1976–1983): Contraction of public universities and expansion of the National Council for Scientific and Technological Research (CONICET). *Minerva* 51(2): 253–269. https://doi.org/10.1007/s11024-013-9227-9.

Berger, Gabriel, und Leopoldo Blugerman. 2017. *La Fundación Ford en la Argentina. Cinco décadas de inversión social privada al servicio del desarrollo y de la protección y ampliación de los derechos humanos*. Victoria: UDESA.

Bialakowsky, Alberto. 1982. *Espectro ocupacional del licenciado en sociología en el medio profesional argentino*. Buenos Aires: Colegio de Graduados en Sociología.

Brunner, José, und Alicia Barrios. 1987. *Inquisición, mercado y filantropía*. Santiago de Chile: Flacso.

Buchbinder, Pablo. 2004. *Historia de las universidades argentinas*. Buenos Aires: Sudamericana.

———. 2016. La Universidad de Buenos Aires bajo la Dictadura. Una aproximación a través del estudio del perfil, discurso y pronunciamientos públicos de dos de sus rectores. *CIAN. Revista de Historia de Las Universidades* 19(2): 153–173.

Bucholc, Marta. 2016. *Sociology in Poland. To be continued?* Basingstoke: Palgrave Pilot.

Calandra, Benedetta. 2019. Cultural philanthropy and political exile: The ford foundation between Argentina and The United States (1959–1979). *Tempo* 25(2): 453–469.

Cano, Daniel. 1985. *La educación superior en la Argentina*. Buenos Aires: Flacso.

Cardoso, Fernando Henrique, und Enzo Faletto. 1979. *Dependency and development in Latin America*. Berkeley: University of California Press.

Carrera, Cecilia. 2019. Las asociaciones profesionales de sociología en Argentina y las disputas por la ‚profesión'. *Revista Temas Sociológicos* 25:87–124.

Cordeiro, Veridiana Domingos, und Hugo Neri. 2019. *Sociology in Brazil: A brief institutional and intellectual history*. Basingstoke: Palgrave Pilot.

CPS. 2006. Homenaje a sociólogos asesinados o desaparecidos por el terrorismo de estado. *Revista Argentina de Sociología* 4(6): 9–10.

Di Tella, Torcuato. 1980. La sociología argentina en una perspectiva de veinte años. *Desarrollo Económico* 20(79): 299–327.

Garretón, Manuel Antonio, Miguel Murmis, Gerónimo de Sierra, und Hélgio Trindade. 2005. Social sciences in Latin America: A comparative perspective-Argentina, Brazil, Chile, Mexico and Uruguay. *Social Science Information* 44(2–3): 557–593. https://doi.org/10.1177/0539018405053297.

Heredia, Mariana. 2011. Los centros privados de expertise en economía: Génesis, dinámica y continuidad de un nuevo actor político en la Argentina. In *Saber lo que se hace. Expertos y política en Argentina*, Hrsg. Sergio Morresi und Gabriel Vommaro, 297–338. Buenos Aires: Prometeo-UNGS.

Invernizzi, Hernán, und Judith Gociol. 2010. *Un golpe a los libros*. Buenos Aires: Eudeba.
Kirtchik, Olessia, und Mariana Heredia. 2015. Social and behavioral sciences under dictatorship. In *International encyclopedia of the social sciences*, 2. Aufl., 139–146. Amsterdam: Elsevier.
Klingemann, Carsten. 1992. Social-scientific experts-no ideologues. Sociology and social research in the third reich. In *Sociology responds to fascism*, Hrsg. Stephen Turner und Dirk Käsler, 125–150. London: Routledge.
Morales Martín, Juan Jesús, und Víctor Algañaraz Soria. 2016. Ciencias sociales, políticas de autonomía académica y estrategias de internacionalización en la última dictadura militar argentina (1974–1983). Un análisis de los casos de la Facultad Latinoamericana de Ciencias Sociales y El Centro de Estudios de Estado y Sociedad. *Revista Mexicana de Ciencias Políticas y Sociales* 61(227): 223–246.
Motta, Rodrigo. 2014. *As universidades e o regime militar*. Rio de Janeiro: Zahar.
O'Donnell, Guillermo. 2007. Guillermo O'Donnell: Democratization, political engagement, and agenda-setting research. In *Passion, craft, and method in comparative politics*, Hrsg. Gerardo Munck und Richard Snyder, 273–304. Baltimore: The Johns Hopkins University Press.
Perel, Pablo, Eduardo Raíces, und Martín Perel. 2006. *Universidad y Dictadura*. Buenos Aires: Centro Cultural de la Cooperación.
Raus, Diego. 2007. La Sociología en el 'Proceso'. *Sociología en Debate* 1(1): 24–38.
Reyna, José Luis. 2005. An overview of the institutionalization process of social sciences in Mexico. *Social Science Information* 44(2–3): 411–472. https://doi.org/10.1177/0539018405053294.
Rodríguez, Laura. 2015. *Universidad, Peronismo y Dictadura, 1973–1983*. Buenos Aires: Prometeo.
Rodríguez, Laura. 2017. La derecha en la Universidad: la investigación en ciencias sociales. Nuevo Mundo Mundos Nuevos, Colloques, veröffentlicht am 18. Mai 2017. https://doi.org/10.4000/nuevomundo.70554
Sábato, Hilda. 1996. Sobrevivir en dictadura: Las ciencias sociales y la „universidad de las Catacumbas". In *A veinte años del golpe. Con memoria democrática*, Hrsg. Hugo Quiroga und César Tcach. Rosario: Homo Sapiens.
Santella, Agustín. 2000. Desarrollos en Ciencias Sociales: El 'CICSO'. *Razón y Revolución* 6:1–23.
Thompson, Andrés. 1994. *„Think Tanks" en la Argentina. Conocimiento, instituciones y política*. Buenos Aires: Documentos del CEDES.
Titarenko, Larissa, und Elena Zdravomyslova. 2017. *Sociology in Russia. A brief history*. Basingstoke: Palgrave Pilot.

Turner, Stephen. 1992. Sociology and fascism in the interwar period. The myth and its frame. In *Sociology responds to fascism*, 1–13. London: Routledge.

———. 1999. Does funding produce its effects? The Rockefeller case. In *Development of the social sciences in the United States and Canada: The role of philanthropy*, Hrsg. Theresa Richardon und Donald Fisher, 213–226. Stanford: Ablex.

Unzué, Martín. 2020. *Profesores, científicos e intelectuales: La Universidad de Buenos Aires de 1955 a su bicentenario*. Buenos Aires: IIGG-CLACSO.

Vessuri, Hebe. 1990. El Sísifo sureño: las ciencias sociales en la Argentina. *Quipu* 7(2): 149–185.

Wainerman, Catalina. 2015. La trastienda de la investigación social. Acerca de la 'ñata contra el vidrio. *Ciencia e Investigación* 3(1): 110–123.

5

Wiederherstellung der Demokratie und Wiederbelebung der Soziologie (1983–1989)

Zusammenfassung Die Wiederherstellung der Demokratie führte zu wichtigen Veränderungen im lokalen soziologischen Bereich. Die Stimmung war grundlegend neu, da das Ende der ideologischen Verfolgung eine freie Debatte ermöglichte. Es wurden zwar wichtige Versuche unternommen, die Disziplin wieder zu institutionalisieren, doch die wirtschaftlichen Ressourcen blieben knapp und die Schwierigkeiten waren erheblich. Außerdem kamen andere intellektuelle Unternehmungen wie die Politikwissenschaft mehr in Mode und konkurrierten mit der Soziologie. Dennoch stiegen die Immatrikulationszahlen im (völlig erneuerten) UBA-Studiengang sprunghaft an, und der studentische Aktivismus führte (einmal mehr) zur Vernachlässigung der angewandten Soziologie und zur Geringschätzung der „abgehobeneren" Versionen der Disziplin. Die sichtbarsten Figuren waren einige (ehemals) marxistische Soziologen, die nach ihrer Rückkehr aus dem Exil als einflussreiche Präsidentenberater und öffentliche Intellektuelle tätig waren, die sich mit der Verteidigung der Demokratie identifizierten. Anstatt empirische Forschung zu betreiben, widmeten sich diese Soziologen der Produktion einer Reihe von kreativen *Ideen*, mit denen sie die Politiker und das Volk erziehen und eine neue „demokratische Kultur" fördern wollten.

Von der Hoffnung zur Desillusionierung

„Mit der Demokratie isst man, wird man gebildet, wird man geheilt". Dies war das Motto des neuen demokratisch gewählten Präsidenten Raúl Alfonsín, der Ende 1983 nach einem überraschenden Sieg über die Peronisten an die Macht kam. Alfonsín, ein fortschrittlicher Politiker, der einer zentristischen, „bürgerlichen" Partei, der Radikalen Bürgerunion (UCR), entstammte, versuchte, die Wiedererlangung der bürgerlichen und politischen Grundrechte mit einer deutlichen (und beschleunigten) Verbesserung des sozialen Wohlstands zu verknüpfen. Es sei unvorstellbar, betonte er, dass in einem Land, das für seine Rindfleisch- und Lebensmittelexporte berühmt sei, viele Menschen an Hunger litten (Adair 2020). Die Reaktion der Menschen auf die Rückkehr zur Demokratie war beeindruckend. Mehr als vier Millionen Bürgerinnen und Bürger schlossen sich politischen Parteien an, deren Wahlkampfveranstaltungen Hunderttausende auf die Straße lockten. Argentinien erlebte einen „demokratischen Frühling".

Die Schwierigkeiten waren jedoch groß. Anfangs versuchte die neue Regierung, nicht ohne viel Wunschdenken, die Wirtschaft durch eine Ankurbelung der Nachfrage wieder anzukurbeln und gleichzeitig Preiskontrollen einzuführen, um die Inflation zu senken. Das Programm erwies sich als katastrophal, und in nur einem Jahr verdoppelte sich die Inflation. Als die Preise unkontrollierbar wurden, sah sich Alfonsín gezwungen, eine „Kriegswirtschaft" einzuführen und seine Versprechungen für einen umfassenden Wohlstand zu opfern (Heredia und Daniel 2019). An der militärischen Front waren die Dinge nicht einfacher. Während Argentinien 1985 die Weltöffentlichkeit auf sich aufmerksam machte, indem es als erstes Land Militärdiktatoren in Zivilprozessen für ihre Menschenrechtsverletzungen belangte, löste die wachsende Unzufriedenheit in den unteren Rängen, die Angst hatten, verurteilt zu werden, eine Reihe von Aufständen aus. Ohne loyale Streitkräfte, die die Aufständischen unterdrücken konnten, sah sich die Regierung gezwungen, Straffreiheitsgesetze zu erlassen, die neue Prozesse verhinderten. Es überrascht nicht, dass die Legitimität von Alfonsín ebenso untergraben wurde wie die Hoffnungen der Menschen auf Demokratie.

Freiwilligkeit und Optimismus waren auch in der staatlichen Politik für die akademischen Einrichtungen zu spüren. Die Regierung bezeichnete den Zeitraum zwischen 1955 und 1966 als „goldene Ära", um Reformen anzuregen, und gab den öffentlichen Universitäten ihre Autonomie zurück, ebenso wie die Beteiligung von Studenten und Hochschulabsolventen an ihrer Leitung. Vor allem aber wurden die offenen Zulassungen wieder eingeführt. Zugleich wurde die wissenschaftliche Forschung als grundlegende Aufgabe anerkannt. Manuel Sadovsky (1914–2005), der lokale Begründer der Informatik und eine führende Persönlichkeit im Bereich der Wissenschaft in den 1960er-Jahren, wurde zum Minister für Wissenschaft und Technologie ernannt. Außerdem wurde der ideologische Pluralismus gefördert. Viele derjenigen, die in den vorangegangenen Jahren ausgeschlossen worden waren (und von denen viele ins Exil gehen mussten), wurden (wieder) an den Universitäten und im CONICET zugelassen. Der Enthusiasmus war allgemein. Doch schon bald traten Schwierigkeiten auf. Als die vom Militär eingeführten Quoten und Gebühren an den öffentlichen Universitäten abgeschafft wurden, löste sich der große Nachholbedarf: In nur drei Jahren stieg die Zahl der Studenten um fast 70 % – von 416.000 auf 700.000 (Buchbinder und Marquina 2008, S. 27). Obwohl sich die Regierung der Auswirkungen der Zulassungspolitik bewusst war, herrschte auch hier die naive Hoffnung auf (leichtes) Wirtschaftswachstum vor. Als die Budgets knapper waren als erwartet, musste die Forschung geopfert, das Lehrdeputat erhöht und dem Infrastrukturbedarf Vorrang eingeräumt werden. Teilzeitstellen (nicht selten *ad honorem*) wurden privilegiert, während die Mittel für Studien eingefroren wurden. Außerdem hatten die Gehälter nach einer anfänglichen Erholung den Kampf gegen die Inflation verloren. Der Rückgang ging so weit, dass die Gehälter 1985 nur noch die Hälfte des Wertes von 1974 betrugen. Da klar war, dass eine „goldene Ära" nicht wiederhergestellt werden konnte, kam es zu zahlreichen Lehrerstreiks (Buchbinder 2005, S. 218). Am Ende von Alfonsíns Amtszeit verdiente ein Vollzeitprofessor an der UBA gerade einmal 250 US-Dollar im Monat (Biglaiser 2009, S. 78) – inflationsbereinigt bis 2020 weniger als 530 US-Dollar.

Es war absehbar, dass die Wiederherstellung der Demokratie zu bedeutenden Veränderungen in der lokalen Soziologie führen würde. Die Stimmung war wieder einmal grundlegend neu; Soziologen und Studenten waren von der allgemeinen gesellschaftlichen Hoffnung und Begeisterung nicht ausgenommen. Nach dem Ende von Zensur und Verfolgung konnten die Soziologen ihre Ideen offen diskutieren und ihre Arbeiten in Umlauf bringen. Für diejenigen, die in den privaten Forschungsinstituten im Land geblieben waren, bot die neue Etappe die Chance, aus den „Katakomben" wieder aufzutauchen und sich an ein neues Publikum zu wenden, um ihre frühere Isolation zu überwinden. Für diejenigen, die aus dem Exil zurückkehrten, bot sich die Gelegenheit, ihre Stellen an den Universitäten wieder anzutreten und, da viele von ihnen eine erfolgreiche Karriere im Ausland gemacht hatten, ihre Erfahrungen in neue Unternehmungen einzubringen. Für viele der jüngeren Soziologen, die es schwer gehabt hatten, sich als „Soziologen" vor dem Hintergrund eines angeschlagenen Arbeitsmarktes ihren Lebensunterhalt zu verdienen, schien der Moment vielversprechend, endlich ihre Karriere zu beginnen, sei es an der Universität oder bei einer staatlichen Behörde. Die Begeisterung war so groß, dass mehr als 600 Absolventen, die Lehrer werden wollten, ihre Bewerbungen für das UBA-Programm einreichten. Doch wie im ganzen Land gab es auch hier Schwierigkeiten. Einerseits waren die Mittel für akademische Vollzeitstellen nach wie vor knapp; andererseits war die öffentliche Sichtbarkeit, die das Fach in den Jahren vor dem letzten Militärregime genossen hatte, nicht wiederhergestellt. Wie anderswo auch, kamen andere intellektuelle Unternehmungen wie Politikwissenschaft, politische Theorie und Philosophie im intellektuellen Feld und in der Öffentlichkeit stärker in Mode. Diejenigen Soziologen, die es noch schafften, einflussreiche Stimmen zu werden, wandten sich diesen Bestrebungen zu, die besser auf das aktuelle Problem des Übergangs von der autoritären Herrschaft zur Demokratie abgestimmt zu sein schienen, zum Nachteil von (jetzt) scheinbar veralteten Ansichten über die Gesellschaft. Die Soziologie als Marke hatte viel von ihrer Anziehungskraft verloren.

Eine schwierige (aber dauerhafte) Umstrukturierung des UBA-Programms

Wie in der Vergangenheit folgte auf den Wechsel der politischen Führung ein Wechsel des Lehrkörpers des UBA-Programms und eine deutliche Neuausrichtung seines Profils und seiner Inhalte. Leiterin des Studiengangs wurde Susana Torrado (1939-), die ehemalige Assistentin von Germani, die in Frankreich promoviert und als Gastwissenschaftlerin in Chile und Kanada gearbeitet hatte. Sie identifizierte sich mit der „wissenschaftlichen Soziologie" und war auf soziale Demografie spezialisiert. Sie war überzeugt, dass angesichts der schlechten Qualität, die während des Militärregimes geherrscht hatte, eine vollständige Erneuerung der Professorenschaft angebracht war. Nach massiven Entlassungen rief sie daher diejenigen zu sich, die sie als die „Notablen" der argentinischen Soziologie ansah. Die Gruppe war gemischt und bestand aus Mitgliedern der „wissenschaftlichen" und der „marxistischen" Fraktion, die zu diesem Zeitpunkt bereits erfahrene Wissenschaftler waren. Während einige von ihnen in den vorangegangenen Jahren im Land geblieben waren und an privaten Forschungsinstituten arbeiteten, mussten andere, die als Aktivisten bekannt waren, ins Exil gehen. Für Torrado war die Rekrutierung dieser führenden Persönlichkeiten von entscheidender Bedeutung, um das Programm wiederherzustellen und ihm etwas von der zentralen Bedeutung zu verleihen, die es vor dem letzten Militärregime in der soziologischen Szene hatte. Es war jedoch bald klar, dass die Hauptenergien dieser Gruppe von Soziologen anderswo eingesetzt werden mussten, da das Programm keine sichere und attraktive Basis zu bieten schien, um eine akademische Karriere aufzubauen oder größere Zielgruppen zu erreichen. Die kumulative Degradierung, zunächst mit extremer Pollizisierung und dann mit brutaler Unterdrückung, blieb nicht ohne Folgen: Das Programm war in keiner Fakultät untergebracht; es hatte kein eigenes Gebäude, in dem es Kurse abhalten konnte, geschweige denn Büroräume für seine Mitarbeiter; es hatte seine Bibliothek verloren (die bei der Trennung von FFyL nicht verlegt wurde); und, was noch schlimmer war, die materiellen Ressourcen, die zu seiner Wiederherstellung und zur Finanzierung der Forschung beitragen könnten, waren nicht in Sicht.

Die Hauptanstrengungen des Rektors der UBA im Bereich der Sozialwissenschaften konzentrierten sich auf die Einrichtung von zwei neuen Studiengängen, einem in Politikwissenschaft und einem in Kommunikationswissenschaft. Diese neuen Studiengänge sollten Fachleute ausbilden, die nicht nur in der akademischen Forschung tätig sind, sondern auch als Berater für politische Parteien, qualifizierte Bürokraten, Journalisten, Medienexperten und sogar Lehrer arbeiten können. Sie alle hatten den Auftrag, die jungen Generationen zu erziehen und das demokratische Bekenntnis zu fördern. Daher zogen es die Soziologen, die andere Arbeitsmöglichkeiten in vielversprechenderen Institutionen wie dem CONICET hatten, vor, ihren Beitrag zum Soziologieprogramm der UBA auf eine wöchentliche Unterrichtsstunde zu beschränken.[1] Torrado selbst gab ihre Stelle schnell auf und ersetzte sie durch eine Teilzeitlehrtätigkeit. Ihr Nachfolger war ein unbekannter junger Soziologe, der in der Vergangenheit ein enger Verwaltungsmitarbeiter des Rektors der UBA gewesen war. Sein bescheidener Lebenslauf passte viel besser zu dem bescheidenen Charakter der Position, die er übernehmen sollte.

Und dennoch war das Programm bei der Anwerbung neuer Studenten erfolgreich. Ihre Zahl vervierfachte sich in nur vier Jahren und erreichte 1988 fast 2000. Dies und die Entscheidung der nationalen Behörden, die Beteiligung der Studenten an der Hochschulleitung wiederherzustellen, führte dazu, dass sie erneut Einfluss auf die Ausrichtung des Programms nahmen. Es herrschte wieder eine jugendliche, radikale und politisierte Atmosphäre. Zunächst machten die Studenten gegen jeden mobil, der im Verdacht stand, mit dem Militärregime „kollaboriert" zu haben. Die Jagd blieb nicht ohne Exzesse, und einige Wissenschaftler, die nicht während des Militärregimes gelehrt, sondern als unauffällige Staatsbedienstete gearbeitet hatten, waren das Ziel intensiver Kampagnen. Zu den Protesten gehörten Reden in den Klassenzimmern, um über die „Kollaborateure" zu informieren, und das Anbringen von großen Bannern auf den Fluren, auf denen ihre angeblichen Verbindungen zum Militär angeprangert wurden. Wie in der Vergangenheit waren die Studenten in der Lage, ihre Ansichten nicht nur in der „hohen Politik" durchzusetzen, wie

---

[1] Vor diesem Hintergrund lehnten selbst die wenigen, denen die knappen Vollzeitstellen angeboten wurden, den Vorschlag ab, da ihnen Tätigkeiten außerhalb der UBA vielversprechender erschienen.

es ihnen 1986 gelang, gegen den Willen der UBA-Behörden einen neuen Schulleiter durchzusetzen,[2] sondern auch in (scheinbar kleinen) Details, wie der Verhinderung der Aufnahme von nicht übersetzten englischen Materialien in die obligatorische Kursliteratur. Sie taten dies im Namen der Bildungsintegration (da es Schüler gab, die keine zweite Sprache lesen konnten) und des Nationalstolzes.

In diesem radikalisierten Kontext wurde 1985 der erste vorgeschlagene Lehrplan abgelehnt. Dieser Lehrplan wurde von einer Sonderkommission entworfen, die sich aus sechs Professoren, zwei Vertretern der Vereinigung der Soziologieabsolventen (CGS) und zwei Studenten zusammensetzte. Die Kommission kritisierte die „durch den Autoritarismus auferlegte kulturelle Isolation" und schlug vor, die Inhalte zu aktualisieren, den theoretischen Pluralismus zu fördern und eine engere Verbindung zwischen Theorie, Methodik und Forschung herzustellen. In Anlehnung an die von der „wissenschaftlichen Soziologie" in den 1950er-Jahren propagierten Lehrpläne förderte sie außerdem die Forschungsausbildung zu den „wichtigsten sozialen Problemen" sowie die angewandte Soziologie, d. h. „die Durchführung von vorberuflichen Praktiken außerhalb der Universität und der akademischen Welt" (Comisión Curricular Permanente 1985). Nach Ansicht der Kommission war dies unerlässlich, um die Gefahren des „Elfenbeinturms" zu vermeiden und den Übergang in den Arbeitsmarkt zu erleichtern. Zu diesem Zweck forderte die Kommission die Schule auf, formelle Vereinbarungen mit staatlichen Behörden und anderen Institutionen zu treffen, in denen Studenten der Oberstufe ihre ersten Arbeitserfahrungen sammeln können. Der Schwerpunkt lag darauf, dass das Absolvieren eines Praktikums als Voraussetzung für den Abschluss eingeführt wurde. Im Gegensatz zu der weitgehenden Isolation (oder dem virtuellen Autismus), die während des Militärregimes das Programm beherrschte, wollte die Kommission eine organischere Beziehung zu „externen" Öffentlichkeiten und Klientelen fördern. Der Einfluss der Mitglieder der CGS war in dieser Angelegenheit eindeutig: Die zukünftigen Soziologen wurden nicht als reine Akademiker betrachtet.

Wie schon in den 1950er-Jahren wurde bei der Konzeption des neuen Studiengangs jedoch unterschätzt, wie sehr die offene Zulassungspolitik

---

[2] Sie wählten den Kandidaten aus und führten ein „Vorstellungsgespräch" mit ihm.

der UBA einer solchen Betonung der Forschung und der angewandten Soziologie im Wege stand, was sich im Kontext der materiellen Beschränkungen, unter denen der Studiengang neu aufgelegt wurde, noch verschärfte. Teilzeitstellen und fehlende Forschungsgelder waren große Hindernisse, die in diesem Fall auch nicht durch Gelder ausländischer Stiftungen ausgeglichen werden konnten (siehe Kap. 2). Das Haupthindernis war jedoch zweifellos die Rolle der Vorstellungen der Studenten darüber, was Soziologie sein sollte. Wie man auf ihren Flugblättern und Zeitschriften sehen konnte, waren sie bestrebt, sich mit Aktivismus zu beschäftigen und tiefgreifende Veränderungen in der Gesellschaft von einem radikalen Standpunkt aus zu fördern. Es ging ihnen nicht nur darum, einige Fähigkeiten und Kenntnisse zu erwerben, die sie nach ihrem Abschluss auf einem erweiterten Arbeitsmarkt einsetzen konnten, sondern auch darum, das Programm mit der Förderung der Armen und der Arbeiter zu verbinden. Im Zusammenhang mit dem weit verbreiteten gesellschaftlichen Optimismus über politisches Handeln jener Zeit waren die Studenten ein wichtiger Vektor bei der „Repolitisierung" der Soziologie. Der radikale Geist der 1960er-Jahre war für viele von ihnen ein Bezugspunkt.

Nach dem Scheitern des ersten Curriculums wurde schließlich 1988 ein neuer Vorschlag umgesetzt, in dem die Forschung und die angewandte Soziologie weniger betont wurden. Praktika wurden nicht erwähnt, und Forschungstätigkeiten waren pragmatischerweise nur den älteren Studenten vorbehalten. Dies verlieh dem Studiengang unweigerlich einen „buchhaften" Charakter, bei dem die Vermittlung von Theorie und Methodik von konkreten Forschungsaktivitäten abgekoppelt wurde. Auch hier erwies sich das „Learning by doing" als schwer vereinbar mit überfüllten Klassen und einer Massenuniversität.[3] Darüber hinaus war die

---

[3] Es fehlte nicht an Warnungen vor der Trennung von Theorie und Methodik. Catalina Wainerman, Mitglied des CENEP, die ein Semester lang Vorlesungen hielt (siehe unten), fand deutliche Worte: „Im Gegensatz zu Chemie-, Physik- oder Biologiestudenten, die es gewohnt sind, theoretische Materialien zu lesen, die eine Reflexion über die praktischen Methoden beinhalten, die in ihre Produktion eingeflossen sind, werden die Soziologiestudenten mit losgelösten Materialien konfrontiert. In der Tat ist die Soziologie eine der wenigen Fächer, in denen der Lehrplan Methodikkurse als isolierte Elemente enthält. Diese Dissoziation ist ein Irrtum, der entweder zur Ausbildung von Theoretikern führen kann, die aus Angst vor „Quantrophrenie" die Soziologie mit Poesie und Metaphysik verwechseln […], oder zur Ausbildung von reinen Empirikern, die statistisch signifikantes Wissen produzieren, das jedoch jeder substanziellen Relevanz entbehrt" (Wainerman 1984).

Verbindung des Studiengangs mit den Berufsfeldern der Absolventen recht schwer fassbar. Und obwohl die Studenten in der Lage waren, gegen den berufsorientierten Ansatz des ursprünglichen Lehrplans ihr Veto einzulegen, waren sie nicht stark genug, um ihre Auffassung von Soziologie als Aktivismus durchzusetzen: Einsätze „zugunsten der Unterdrückten" wurden nicht als reguläre Aktivitäten in das Programm aufgenommen. Die entstehende Organisation war also eine Mischung aus verschiedenen Einflüssen, die keinen der Akteure, die an ihrer Vorbereitung beteiligt waren, völlig zufrieden stellte.

Dies gilt insbesondere für die Mitglieder der CGS, die, wie in Kap. 4 dargestellt, aktive Förderer der Soziologie als Beratungsberuf waren und nun erleben mussten, wie wenig ihre Ansichten über das Fach und ihre Berufserfahrung an der UBA geschätzt wurden. Dennoch gaben sie nicht auf und engagierten sich auch außerhalb der Universität, um Einfluss auf das Fach zu nehmen. Nach intensiver Lobbyarbeit bei einigen Kongressabgeordneten gelang es ihnen 1986, ein Gesetz zur Regelung des „Berufs der Soziologie" durchzusetzen. Das Gesetz, das sich an traditionellen Beraterberufen wie Medizin oder Ingenieurwesen orientierte, legte eine offizielle Gerichtsbarkeit für Soziologen fest. Aber es hatte keine wirklichen Auswirkungen. Die neue Institution, die aus diesem Gesetz hervorging und den CGS ablöste, der Berufsrat der Soziologen (CPS), übte keinen nennenswerten Einfluss auf den Arbeitsmarkt für Soziologen aus, geschweige denn, dass er die Vorherrschaft der Studenten über das UBA-Programm ausgleichen konnte. Ende der 1980er-Jahre gab es nur wenige Aktivitäten innerhalb des CPS, und es kam häufig zu Finanzierungsproblemen, da es nur wenige registrierte Fachleute gab, die ihre Gebühren nicht immer bezahlten (Carrera 2019).

Es ist erwähnenswert, dass die Umstrukturierung des UBA-Studiengangs Soziologie, die bei der Rückkehr zur Demokratie stattfand, eine Phase beispielloser Stabilität einleitete: Die damals festgelegten Orientierungen blieben bis heute ohne wesentliche Änderungen. Tatsächlich ist der 1988 eingeführte Lehrplan noch heute in Kraft. Dies steht in krassem Gegensatz zu seiner früheren Entwicklung, in der eine ungeordnete Abfolge von sehr unterschiedlichen Zyklen herrschte. Zu dieser Stabilisierung trug die Tatsache bei, dass der Studiengang 1990 einer neuen Fakultät angegliedert wurde, der Fakultät für Sozialwissenschaften (FCS), die zwei andere „verwaiste" Studiengänge, nämlich Sozialarbeit und Arbeitsbeziehungen, sowie die bereits erwähnten neuen Studiengänge, nämlich Politikwissenschaft und Kommunikationswissenschaft, beherbergen sollte. Da alle diese Studiengänge bereits in Betrieb waren, als sie zusammengelegt wurden, haben sie weder ihr Personal zusammengelegt noch eine neue Abteilungsorganisation geschaffen. Sie blieben eine Konföderation von Schulen mit begrenzten Beziehungen. Da es aufgrund des Anstiegs der Studentenzahlen häufig zu Defiziten in der Infrastruktur kam, arbeiteten sie sogar in verschiedenen Gebäuden (siehe nächstes Kapitel).

Ein ausschließender Pluralismus

Eine Idee, auf die sich die Mitglieder des erneuerten Lehrkörpers des UBA-Studiengangs Soziologie einigten, war die Vermeidung von Ausgrenzung aus ideologischen Gründen.[4] Nach einer Geschichte, die durch häufige Säuberungen gekennzeichnet war, wurde die Vielfalt als positiver Wert anerkannt. Dies ermöglichte eine neue Koexistenz von Soziologen, die sich in der Vergangenheit abwechselnd mit der „wissenschaftlichen Soziologie", der „marxistischen Soziologie" und der „nationalen Soziologie" identifiziert hatten. Unterschiedliche Auffassungen über die Disziplin, die auf verschiedenen Werdegängen und intellektuellem Kapital beruhen, blieben bestehen, aber die Leidenschaften wurden gemildert. Natürlich blieben die Soziologen nicht unberührt von dem breiteren und wiederbelebten Glauben an die Demokratie mit ihrer weit verbreiteten Verteidigung von Toleranz und Pluralismus. Der Wandel wurde auch von der internationalen soziologischen Situation beeinflusst, in der auf die parallelen Krisen des Funktionalismus und des Marxismus weniger umfassende (und einheitliche) Paradigmen folgten. Wie ein ehemaliges Mitglied der Abteilung feststellte, waren die alternativen Ansichten über das Fachgebiet so groß, dass man von einer komplexen Reihe von „Soziologien" sprechen musste (Sidicaro 1991). Ein solches Panorama milderte

---

[4] Diejenigen, die während des Militärregimes gelehrt hatten, gehörten natürlich nicht zu diesem Konsens.

die erkenntnistheoretische Hybris. Schließlich, und das ist vielleicht noch wichtiger, besserte sich die Atmosphäre durch die Verbreitung von Teilzeitstellen, die die Beschäftigungsmöglichkeiten vervielfachten. Auch wenn sie kein volles Gehalt sicherte, war die symbolische Belohnung einer Lehrtätigkeit an der UBA (mehr noch eines Lehrstuhls) keineswegs unbedeutend. Bis 1990 gab es mehr als siebzig Lehrstuhlinhaber, viele von ihnen mit einem Gefolge von Assistenzprofessoren und jungen Dozenten.

Dennoch gab es einige Wissenschaftler mit einem bedeutenden Leistungsnachweis in diesem Fachgebiet, die sich zwar um die Aufnahme in das Kollegium bemühten, sich aber selbst zurückzogen. Sowohl die materiellen Bedingungen als auch der studentische Aktivismus waren für sie nicht gerade einladend. Dies war der Fall bei einigen Soziologen, die sich während des Militärregimes angesichts der Schwierigkeiten auf dem akademischen Arbeitsmarkt der Markt- und Meinungsforschung gewidmet hatten. Zu ihnen gehörten zwei ehemalige Mitarbeiter der UBA, die in den 1960er- und 1970er-Jahren gelehrt hatten: Edgardo Catterberg (1944–1994) und Julio Aurelio (1943–2020). Während ersterer mit der „wissenschaftlichen Soziologie" identifiziert wurde, stand letzterer den *cátedras nacionales* nahe. Ihre Verdienste waren nicht gering. Mit der Rückkehr zur Demokratie wurden sie zu wichtigen Beratern der beiden wichtigsten politischen Parteien, der UCR und des Peronismus, und traten regelmäßig in den Medien auf, um die Bevölkerung und die Politiker von der Qualität und Strenge der Umfragen und vor allem von deren Bedeutung für die Konsolidierung der Demokratie zu überzeugen. Ihr Erfolg bei der Vorhersage des (unerwarteten) Sieges von Alfonsín war in der Tat ein wichtiger Meilenstein für ihre gesellschaftliche Legitimation und die Verbreitung der Meinungsforschung (Vommaro 2008). Diese Bemühungen gingen einher mit profitabler angewandter Forschung für private Unternehmen, deren Budgets stets viel großzügiger waren als die der Politiker. Und dennoch blieben die Studenten des Soziologie-Studiengangs der UBA unbeeindruckt: Die radikale Atmosphäre, die an der Schule schnell vorherrschte, erwies sich als unvereinbar mit dem, was diese aufsteigenden Soziologen zu bieten hatten. Obwohl einer von ihnen zunächst ein Semester lang unterrichtete und der andere sich um eine Festanstellung bemühte, verließen sie die Schule in Richtung anderer Institutionen. Catterberg wurde zum Leiter der neuen politikwissenschaftlichen Fakultät der UBA ernannt, die einen Kurs über „Öffentliche Meinung" umfasste. Aurelio erhielt einen Lehrstuhl an der Nationalen Universität Lomas de Zamora (UNLZ). Im Gegensatz zum Soziologie-Studium an der UBA boten diese Institutionen ihnen ein Umfeld, in dem ihr Wissen, ihre Erfahrung und ihre sozialen Beziehungen mehr geschätzt wurden. Unternehmen zu dienen, um den Umsatz zu steigern, oder politische Parteien zu beraten, um Wahlen zu gewinnen, die auf instrumentellem Wissen basieren, war alles andere als aufregend für diejenigen, die Soziologie mit Aktivismus und der Infragestellung von Macht identifizierten. Mit ihrem Weggang wandte sich die Schule von einer der vielversprechendsten angewandten Tätigkeiten der Zeit ab, und zwar mit einer Figur, die die Medien und das politische Feld stark mit der Disziplin zu assoziieren begannen: dem Meinungsforscher.

Aber nicht nur die Markt- und Meinungsexperten scheiterten an der Lehrtätigkeit. Dies war auch bei einigen wichtigen Persönlichkeiten der privaten Forschungsinstitute der Fall, die versuchten, an die Institution zurückzukehren, an der sie ausgebildet worden waren und ihre ersten Lehrerfahrungen gemacht hatten. Die Rückkehr zur Demokratie und die Umstrukturierung des UBA-Programms stellten viele dieser Soziologen vor ein Dilemma.[5] Sollten sie an die Universität zurückkehren? Es gab gute Gründe für eine positive Antwort: Die anfänglichen Versprechungen der Regierung, die Universitäten wiederherzustellen, waren verlockend – ihre Verweise auf die „goldene Ära" müssen wie Musik in den Ohren dieser Gruppe von Soziologen geklungen haben, die sich als Jünger Germanis identifizierten; der Wunsch, an die wichtigste nationale Universität zurückzukehren und Zugang zu einem breiteren Publikum zu haben, wie es ihnen die Studenten boten; der Wunsch nach Stabilität in Verbindung mit einem regelmäßigen Gehalt (den sie gegen die ständige und ermüdende Suche nach einer Finanzierung nach der anderen abwogen). Außerdem war nicht klar, ob ausländische Philanthropen nach der Wiederherstellung der Demokratie und der „Normalisierung" der akademischen Einrichtungen weiterhin so großzügig sein würden. Eine kurze Erfahrung als Lehrer im UBA-Programm reichte jedoch aus, um

---

[5] Für einige gab es kein Zögern: Sie würden weiterhin in ihren Think Tanks arbeiten.

die meisten von ihnen zu entmutigen. Sicherlich waren weder die mageren Gehälter (in einer Landeswährung, die ständig an Wert verlor) für diejenigen attraktiv, die ihren Lebensunterhalt in „harter" Währung bestreiten konnten, noch die schlechte Infrastruktur und der Mangel an materiellen Ressourcen. Auch die konfliktreiche und plebejische Atmosphäre an der UBA, in der es häufig zu Streiks der Lehrkräfte kam, die bessere Gehälter forderten, stand in scharfem Kontrast zu der ruhigen und „professionalisierten" Arbeitskultur, an die sie gewöhnt waren. Wenn jedoch ein Vollzeit-Engagement an der UBA verworfen wurde, erwies sich eine Teilzeitstelle als nicht weniger praktikabel, denn die Studenten waren nicht sehr begeistert von dem, was diese Soziologen zu bieten hatten. Als der politische Enthusiasmus zurückkehrte und die Lehre zu „heißen" politisierten Themen gefordert wurde, war ihr losgelöster soziologischer Stil ebenso wenig beliebt wie ihr Forschungsprogramm, das, wie in Kap. 4 gezeigt wurde, stark vom Ausland geprägt war. Das Hauptproblem waren jedoch ihre Verbindungen zu US-amerikanischen philanthropischen Stiftungen, die, wie in den 1960er-Jahren, von den meisten Studenten abgelehnt wurden. Auch hier war das Boykottrepertoire der Studenten breit gefächert und reichte von kleinen Widerstandshandlungen (wie dem systematischen Zuspätkommen zum Unterricht) bis hin zum Anbringen von Plakaten in den Fluren, die die „imperiale Finanzierung" anprangerten. Das Bild der „wohlerzogenen", lernbegierigen Soziologiestudenten, das sie sich bei der Vorbereitung ihrer Vorlesungen gemacht hatten, wurde gnadenlos widerlegt. Konfrontiert mit dieser Aggressivität beschlossen sie, wie Germani in der Vergangenheit, zu gehen. Unter diesen Bedingungen weiter zu unterrichten, wäre wie „Perlen vor die Säue werfen" gewesen, erinnerte sich ein Befragter, nicht ohne Bitterkeit. Ihr Weggang, wie auch der des Meinungsforschers, blieb nicht ohne Folgen für das Programm. Mit dem Verlust des Personals, das seine Karriere in den privaten Forschungsinstituten fortsetzte, ging dem Programm eine Gruppe experimentierfreudiger Soziologen verloren, die selbst im Rahmen überfüllter Klassen die Forschungstätigkeit hätte fördern können. Die Episode war insofern interessant, als sie auf die dezentrierte Natur der argentinischen Soziologieszene hinwies: Aufgrund ihrer Forschungsleistungen, ihres Zugangs zu Finanzmitteln, ihrer Veröffentlichungen und ihrer Verbindungen zur internationalen Mainstream-Soziologie bestand kein Zweifel daran, dass diese Soziologen eine „Elite" waren, und so sahen sie (und die philanthropischen Stiftungen) sich auch. Aber es handelte sich um eine besondere Elite, deren Talente und Fachkenntnisse in den traditionellsten lokalen soziologischen Institutionen nicht geschätzt wurden.

Von der Revolution zur Demokratie

Während sich die Vertreter der „wissenschaftlichen Soziologie" von ideologischen Debatten distanzierten, zögerten einige Mitglieder der marxistischen Fraktion nicht, sich im Zusammenhang mit der Rückkehr zur Demokratie wieder aktiv in die offen ideologische Diskussion einzuschalten. Sie hielten jedoch nicht an den früheren Überzeugungen von Revolution und gewaltsamem sozialem Wandel fest, mit denen einige von ihnen in der Vergangenheit geliebäugelt hatten, sondern sie taten dies mit einem wiederbelebten Glauben an die Tugenden der Demokratie und der politischen Mäßigung. Die Errichtung eines verbrecherischen Militärregimes, das sie zwang, ins Exil zu gehen, hatte tiefe Auswirkungen auf sie. Nicht weniger einflussreich war die internationale Krise des Marxismus, die in Westeuropa zur Entstehung des Eurokommunismus und zu einer allgemeinen Ablehnung der Sowjetmacht durch die linken Intellektuellen führte. Nach ihrer Rückkehr nach Argentinien setzten sie sich daher mit Begeisterung für die Konsolidierung der Demokratie ein. Obwohl sie betonten, dass ihr Wechsel keine Abkehr vom sozialistischen Glauben bedeutete, setzte sich eine neue Überzeugung von der Bedeutung der Rechtsstaatlichkeit und des politischen Pluralismus durch. Wie Juan Carlos Portantiero (1934–2007), einer der produktivsten argentinischen marxistischen Soziologen, feststellte, waren die Marxisten zu blind gewesen, um zu erkennen, dass das, was sie abschätzig als „bürgerliche Freiheiten' bezeichneten, ein Zaun war, der den Tod vom Leben trennte" (Portantiero 1988, S. 8). Sicherlich entsprach ihre Hinwendung zur politischen Mäßigung dem allgemeinen politischen Klima und ermöglichte es ihnen, ihre Öffentlichkeit zu vervielfachen und von einer vielfältigen Ressourcenbasis zu profitieren. Aber wie in den 1960er-Jahren, als sie ein zweideutiges Profil zwischen akademischer Professionalisierung und Politisierung kultivierten, war ihr Aktivismus in keiner Weise von guten akademischen Positionen zu trennen. Im Gegenteil, es waren gerade diese Positionen, die es ihnen mit ihrem Einkommen ermöglichten, an den ideologischen und politischen Kontroversen im intellektuellen und kulturellen Bereich teilzunehmen.[6]

Die wichtigsten akademischen Investitionen dieser Gruppe erfolgten nicht innerhalb der UBA, wo sie nur als Teilzeitlehrer tätig waren. Vielmehr gründeten sie ein neues privates Forschungsinstitut, das Lateinamerikanische Zentrum für die Analyse der Demokratie (CLADE), um sich um internationale Gelder zu bewerben. Dieser Think Tank wurde von José Nun geleitet, der sicherlich nicht daran interessiert war, die Kontroversen um die „imperiale Durchdringung" neu aufzubereiten, und der auch nicht im Auge des Hurrikans stehen wollte, wie das Projekt der Marginalität in den 1960er-Jahren (siehe Kap. 3). Nun schlossen sich bald Juan Carlos Portantiero und Emilio de Ípola (1939-) an. Sie alle kehrten aus dem Exil zurück, wo sie unter sehr günstigen Bedingungen eine akademische Laufbahn hatten einschlagen können. Portantiero war ein anerkannter Soziologe mit Erfahrung in der Kommunistischen Partei, der 1969 zusammen mit Miguel Murmis (1933-) ein äußerst populäres Buch über die Ursprünge des Peronismus verfasst hatte. Das Buch polemisierte gegen Germanis Interpretation des Peronismus aus gramsciani'scher Sicht und wurde zu einer Pflichtlektüre für Soziologen und linke Aktivisten. De Ípola war ein promovierter Philosoph mit einer Neigung zur Gesellschaftstheorie und einer beachtlichen internationalen Erfahrung: Er hatte in Frankreich unter der Leitung von Lucien Goldmann promoviert und in Chile und Kanada Vorträge gehalten. Die Gründung von CLADE erwies sich als fruchtbar, da großzügige Finanzmittel flossen. Die wichtigsten Arbeiten, die in einem viel gelesenen Buch mit dem Titel *Ensayos sobre la transición democrática en la Argentina* (*Essays über den demokratischen Übergang in Argentinien*) zusammengefasst wurden, wurden mit Geldern der Ford Foundation durchgeführt. Nun und Portantiero waren die Herausgeber und lieferten den allgemeinen Rahmen.

---

[6] Die ideologische Wende, die geschickt als Übergang von der „Revolution zur Demokratie" zusammengefasst wurde, vollzog sich auch in anderen Ländern des Südkegels und betraf viele angesehene linke lateinamerikanische Intellektuelle (Lechner 1986).

Ihnen zufolge befand sich Argentinien in einer „zweischneidigen Krise". Einerseits musste die Demokratie gegen tief verwurzelte autoritäre Gewohnheiten durchgesetzt werden. Die Argentinier, so betonten sie, hätten den größten Teil des 20. Jahrhunderts unter Militärregimen gelebt und verfügten daher nicht über eine gesunde demokratische Kultur. Andererseits könne der wirtschaftliche Wohlstand nicht erreicht werden, wenn nicht tiefgreifende Reformen an den eingefahrenen Praktiken des Rent-Seeking vorgenommen würden. Die Lage war so schlecht, dass ein „neues Regime der sozioökonomischen Akkumulation" erforderlich war (Nun und Portantiero 1987). Die Anerkennung des „zweischneidigen" Charakters der Krise war in gewisser Weise neu und deutete auf eine wichtige intellektuelle Wende unter marxistischen Soziologen hin: Die politische Dimension wurde nun als unabhängig von der Wirtschaft (und nicht auf sie reduzierbar) konzipiert. Dieser Wandel richtete sich gegen die üblichen materialistischen Ansätze, die nun wie die Pest gemieden wurden; er richtete sich aber auch gegen die traditionellen Modernisierungstheorien, denn in beiden Strömungen war die Konsolidierung der Demokratie in Lateinamerika trotz ihrer Unterschiede als Nebenprodukt einer grundlegenderen wirtschaftlichen und sozialen Dynamik dargestellt worden. Nun wurde das Politische vom Sozialen und Ökonomischen losgelöst, und die „Kontingenz" wurde im Kontext der Krisen der „großen Erzählungen" gefeiert (Lesgart 2003).

Was diese Soziologen jedoch mehr ansprach als der akademische Diskurs, war ihre Beteiligung an direkteren politischen Milieus. Nach dem Ende der Zensur und der Wiedererlangung der freien Debatte im öffentlichen Raum engagierten sie sich enthusiastisch als öffentliche Intellektuelle, die für die Demokratie und damit für eine „neue" und „moderne" Linke warben. Mit einer explizit normativen Ausrichtung widmeten sich Nun, Portantiero und de Ípola der Produktion einer Reihe von kreativen *Ideen*, mit denen sie die Politiker und das Volk erziehen und zur Herausbildung einer neuen und umfassenden „demokratischen Kultur" beitragen wollten. Soziologische Ideen wurden nicht aufgegeben – Michel Crozier, Jürgen Habermas, Niklas Luhmann und Alain Touraine waren häufige Quellen –, aber sie wurden mit politischer Theorie und Philosophie vermischt, die Referenzen vom klassischen Kontraktualismus bis zu Norberto Bobbio und John Rawls umfassten. Es wurden ausgeklügelte

Metaphern vorgeschlagen, um der gegenwärtigen Situation und den Herausforderungen einen Sinn zu geben. Abgesehen von der allgegenwärtigen Idee eines „demokratischen Paktes" war das Bild der Politik als „Gespräch" und nicht als Fortsetzung des Krieges mit anderen Mitteln ein ständiges Mantra in den Beiträgen von Portantiero und de Ípola. Damit stellten sie in Frage, was sie als lokal vorherrschende Traditionen politischer Intoleranz und Gewalt darstellten[7] (de Ípola und Portantiero 1984). Die „Rebellion des Chors" war eine weitere einflussreiche Formel, mit der Nun eine Ausweitung der politischen Partizipation des Volkes und folglich den Niedergang der angeblich aufgeklärten politischen Avantgarde forderte (Nun 1984b). Für diese Soziologen war eine neue „politische Soziologie" angesagt, in der das Politische unter die Lupe genommen wurde. Doch wie einige Beobachter bald feststellten, war es eine, in der der Aktivist gegenüber dem distanzierten Beobachter die Oberhand gewann. Dementsprechend konzentrierte sich die Wissenschaft mehr auf die Schaffung eines normativen Rahmens als auf die Durchführung systematischer empirischer Untersuchungen (Sidicaro 1993). Sicherlich waren Überlegungen zu dem, „was sein sollte", von grundlegender Bedeutung, um die Soziologie mit den dringendsten Debatten zu verbinden und ihr einen breiteren gesellschaftlichen Einfluss zu verleihen. Dennoch stand ein solcher Ansatz einer realistischeren Betrachtung des „Was ist" entgegen, die sich auf eine gründlichere Untersuchung der Einstellungen zu Demokratie und politischer Partizipation in verschiedenen sozialen Gruppen stützte, d. h. in denen die Ideen der Intellektuellen verankert werden sollten (Merklen 2005).

Ob als „Gesetzgeber" oder „Interpreten", marxistische Soziologen wollten den Weg Argentiniens zur Demokratie mitbestimmen. Ihre Distanz zur „wissenschaftlichen Soziologie" war schon in den 1960er-Jahren deutlich, und die Gründung einer neuen politischen Denkfabrik im Jahr 1984 war ein weiterer Beweis dafür. Die neue Institution mit dem Namen „Club der sozialistischen Kultur" (CCS) versammelte eine Reihe an-

---

[7] Auch in der Literatur wurde Inspiration gefunden. Um das Bild der Politik als ein Gespräch zu erklären, das darauf abzielt, Tod und Gewalt zu vermeiden, die sie als mögliche Folgen politischer Konfrontation einräumten, verwiesen Portantiero und de Ípola auf Scheherazade, die Frau des Monarchen aus *Tausendundeiner Nacht*, und darauf, wie es ihr gelang, den Tod durch langes und unendliches Erzählen hinauszuzögern (de Ípola und Portantiero 1984).

gesehener linker Intellektueller (die verschiedenen Disziplinen wie Literaturkritik, Journalismus und Geschichte angehörten) und hatte zum Ziel, die „sozialistische Tradition" im Einklang mit dem neuen demokratischen Glauben zu erneuern. Mit der Bezeichnung „Club" wollten sie zwei mögliche Missverständnisse vermeiden: Das neue Unternehmen sollte weder eine „politische Partei" noch ein bloßes „akademisches Forschungsinstitut" sein (Elizalde 2019). So zweideutig seine Gründer auch waren, der CCS wollte aus einer „sozialistischen" *und* „demokratischen" Perspektive eine überparteiliche Intervention in der öffentlichen Arena fördern. Eines ihrer Hauptziele waren jene linken Intellektuellen und (kleinen) politischen Parteien, die selbst im Kontext der Krise des Marxismus und der allgemeinen Diskreditierung des Realsozialismus immer noch an ihren traditionellen (und angeblich „anachronistischen") Überzeugungen über Revolution und sozialen Wandel festhielten. Dagegen zögerten sie nicht zu betonen, dass ohne Demokratie und politischen Pluralismus keine fortschrittliche Agenda vorangebracht werden könne. Der politische Liberalismus, der zuvor als „bürgerlich" vernachlässigt worden war, wurde daraufhin inbrünstig neu bewertet. Das Problem des marxistischen politischen Denkens bestand, wie Portantiero es ausdrückte, darin, dass es „zu viel Rousseau und zu wenig Locke gehabt hatte. Aus diesem Übermaß und dieser Abwesenheit entstand die Versuchung für Hobbes" (Portantiero 1984, S. 5).

Da sie natürlich nicht mit der politischen Mitte verwechselt werden wollten – dies war der Vorwurf der „traditionellen" Linken und eines Großteils der Soziologiestudenten[8] –, betonten sie die Bedeutung der demokratischen „Partizipation". Wie Nun erklärte, sollte die Demokratie in Argentinien nicht als ein bloßes System zur Auswahl von Autoritäten verstanden werden. Ganz im Gegenteil. Sie sollte als „eine Lebensweise" verstanden werden, in der das Volk über seinen Willen nachdenkt und ihn kollektiv durchsetzt. In Anlehnung an eine berühmte Unterscheidung schlug er eine „regierende Demokratie" und nicht eine „regierte Demokratie" vor (Nun 1984a).

---

[8] Portantiero und de Ípola waren als Professoren für soziologische Theorie an das UBA-Programm angeschlossen. Es war abzusehen, dass die Studenten von ihrer Hinwendung zur politischen Mäßigung nicht gerade begeistert waren. Dennoch waren sie begeisterte Leser ihrer Schriften.

Die Ideen der Mitglieder des CCS wurden hauptsächlich über zwei politisch-kulturelle Zeitschriften, *Punto de Vista* und *La Ciudad Futura*, kanalisiert, in denen gelehrte und anspruchsvolle intellektuelle Debatten mit politischen Anliegen und ideologischen Stellungnahmen kombiniert wurden. Obwohl es sich nicht um akademische Zeitschriften handelte, da die Artikel kurz waren und es keine doppelte Blindprüfung gab, waren sie die wichtigsten Kanäle, über die neue Debatten in den internationalen sozialen und humanistischen Disziplinen in das vom Militärregime geerbte lokale akademische Szenario einflossen. *Punto de Vista* zum Beispiel war ein Vorreiter bei der Rezeption von Pierre Bourdieu und Raymond Williams (Martínez 2007). Diese Zeitschriften waren die Nachfahren der zahlreichen politischen und kulturellen Zeitschriften, die in den 1960er-Jahren die intellektuelle Szene bevölkerten, und wie diese waren sie wichtige Referenzen im intellektuellen und universitären Bereich.

Marxistische Soziologen wie auch die meisten Mitglieder des CCS waren vom neuen argentinischen Präsidenten recht begeistert. In ihren Augen war die Niederlage des Peronismus, den sie mit tief verwurzelten autoritären sozialen und politischen Einstellungen und Fraktionsdenken in Verbindung brachten, ein glücklicher Umstand. Außerdem würden Alfonsíns rege Beziehungen zu vielen fortschrittlichen Gelehrten ihre Begeisterung nur noch steigern. Seit seiner Wahlkampagne hat sich der neue Präsident mit der Idee, die etwas überholte Doktrin seiner Partei zu erneuern, als eifriger Konsument der neuen Ideen der Sozialwissenschaften erwiesen. Sobald er im Amt war, rekrutierte er zahlreiche Intellektuelle für einflussreiche öffentliche Ämter. Das Ausmaß der Einbeziehung war so groß, dass einige Denkfabriken wie das Zentrum für Sozialforschung über Staat und Verwaltung (CISEA) fast aufgelöst wurden, als die meisten seiner Mitglieder beschlossen, der Einladung des Präsidenten zu folgen (Elizalde 2019). Dieser Prozess war ziemlich neu, da linke Denker traditionell in Opposition zu den meisten Regierungen standen (Sigal 1991).

In diesem Zusammenhang wurden Portantiero und de Ípola zu Alfonsíns Beratern ernannt. Diese Soziologen, die sich der Diskussion der politischen Situation und der Ausarbeitung programmatischer Ideen auf der Grundlage der aktuellen Soziologie, politischen Theorie und Philosophie widmeten (Portantiero und de Ípola 1990), trafen während der gesamten

Amtszeit regelmäßig mit dem Präsidenten zusammen. Ihr Einfluss war nicht unbedeutend, und schon bald konnte man in Alfonsíns Interventionen einen Rawls'schen Drang zum Nachdenken über soziale Gerechtigkeit oder eine Weber'sche Darstellung der Beziehung zwischen Ethik und Politik erkennen. Natürlich verzichtete der politische Führer nicht darauf, persönliche Anpassungen vorzunehmen. Als man ihm beispielsweise vorschlug, von Krisen als „sozial produktiven" und nicht nur als schädlichen Momenten zu sprechen – eine Idee, die seine Berater aus aktuellen Debatten innerhalb der marxistischen italienischen Philosophie übernommen hatten –, stimmte der Präsident der Idee zu, würzte sie jedoch. Für ihn seien Krisen produktiv, weil man gerade in Krisen „den Mut der Menschen zu sehen bekommt". Das Ende der Amtszeit Alfonsíns beendete diese öffentlichkeitswirksame Zusammenarbeit zwischen Soziologen und präsidialer Macht. Der Sturz dieses Politikers, der seine Versprechen nicht einhalten und neue (und wiederum beispiellose) Krisen nicht vermeiden konnte, ging nicht ohne eine große Enttäuschung auf Seiten von Portantiero und de Ípola ab. Ohne ihr politisches Engagement zu vernachlässigen, werden sie sich in Zukunft mehr auf ihre akademischen Aufgaben konzentrieren.

Die Eklipse der Abhängigkeit

Die wichtigsten theoretischen Ideen zur Demokratie in Argentinien stammen nicht von lateinamerikanischen Denkern. Sicherlich gab es einen intensiven regionalen Dialog zwischen Wissenschaftlern, die sich über den Übergang von der autoritären Herrschaft Gedanken machten, und es wurden viele Konferenzen zu diesem Thema in verschiedenen Städten abgehalten, während die Diktaturen noch auf dem Vormarsch waren. Die im Exil geknüpften Beziehungen waren für viele Sozialwissenschaftler auch ein Vektor der „Latino-Amerikanisierung" (Garreton et al. 2005). Doch im Gegensatz zur früheren Forschung über Imperialismus, Marginalität und Klassenkampf in den 1960er-Jahren innerhalb der argentinischen Soziologie ging die Erforschung der Demokratie und ihrer Möglichkeiten nicht mit der ausdrücklichen Pflege einer eher „nationalen" oder „regionalen" Sichtweise Hand in Hand. In den 1980er-Jahren, nach der traumatischen Erfahrung des Militärregimes, wurden diese Sorgen stark mit der Art von radikalem Aktivismus in Verbindung gebracht, mit dem die Intellektuellen, die die Vorzüge der demokratischen Institutionen wiederentdeckten, zu brechen versuchten. Diese Wende hatte eine regionale Reichweite, da die meisten einflussreichen lateinamerikanischen Wissenschaftler die Dependenztheorie zunehmend als zu simpel, „ideologisiert" und zu wenig rigoros ansahen (Beigel 2019). Die Verschiebung der „sozialen Befreiung" blieb nicht ohne Folgen für die „nationale Befreiung". Und in der Tat schien die Kritik am „Imperialismus" ebenso überholt wie der Wunsch, „nationale" (und „ursprüngliche") Konzepte zu entwickeln.

Die Verschiebung war im Programm der UBA deutlich zu erkennen. Die erneuerten Lehrpläne räumten der argentinischen und lateinamerikanischen Soziologie (und den klassischen einheimischen Autoren) keinen herausragenden Platz ein. Die einheimische Wissenschaft wurde weitgehend vernachlässigt, und die ursprüngliche Idee, einen Pflichtkurs „Lateinamerikanische Soziologie" einzurichten, wurde später aufgegeben (Comisión Curricular Permanente 1985). Die Auswirkungen waren vor allem in den theoretischen Kursen spürbar, die Wissenschaftler, die nicht aus Europa oder den Vereinigten Staaten stammten, fast ausschlossen. So gab es beispielsweise in den von Portantiero angebotenen Kursen, von einigen wenigen Ausnahmen abgesehen, keine lateinamerikanischen Autoren, eine Situation, die im Gegensatz zu den Kursen stand, die er in den 1960er-Jahren zu demselben Thema abhielt und in denen spezielle Einheiten der Untersuchung von Konzepten wie „Abhängigkeit" und „Unterentwicklung" gewidmet waren. Nun wurden Autoren wie der Mexikaner Pablo González Casanova (1922-), der Brasilianer Celso Furtado (1920–2004) und Theotonio dos Santos (1936–2018), allesamt Beispiele für radikale lateinamerikanische Sozialwissenschaften, durch (modernere) europäische Denker wie Foucault und Habermas verdrängt. In einer Weise, die an die Vernachlässigung der „wissenschaftlichen Soziologie" lokaler Denker in den 1950er-Jahren erinnerte, wurde die Theorie wieder als ein im Wesentlichen importiertes Gut behandelt.

Es gab jedoch auch einige Ausnahmen. Zwei ehemalige Mitglieder der *cátedras nacionales*, Horacio González (1944-) und Alcira Argumedo (1940-), traten dem Programm bei und schufen sich eine Nische, in der sie die Bedeutung und den Wert der argentinischen und lateinamerikanischen intellektuellen Traditionen verteidigten. Sie taten dies allerdings in einem viel milderen Geist als in den 1960er-Jahren. Interessant ist jedoch, dass die Art und Weise, wie sie mit diesen Traditionen umgingen, den früheren Gegensatz zwischen der professionalisierten akademischen Soziologie und dem essayistischen Ansatz reproduzierte. Dieser Gegensatz wurde, wie in Kap. 2 dargelegt, ursprünglich von Germani und seinen Mitarbeitern vertreten und später, als Gegenreaktion, von den *cátedras nacionales* verstärkt. Infolgedessen wurde die Erforschung lokaler intellektueller Traditionen einmal mehr mit einem Protest gegen empirisch informierte Versionen der Disziplin verbunden, wie sie zu diesem Zeitpunkt in den privaten Forschungsinstituten zum Einsatz kamen.

Literatur

Adair, Jennifer. 2020. *In search of the lost decade. Everyday rights in post-dictatorship Argentina.* Oakland: University of California Press.
Beigel, Fernanda. 2019. Latin American sociology: A centennial regional tradition. In *Key texts for Latin American sociology*, Hrsg. Fernanda Beigel. Thousand Oaks: SAGE.
Biglaiser, Glen. 2009. The internationalization of ideas in Argentina's economics profession. In *Economists in the Americas*, Hrsg. Verónica Montecinos und John Markoff, 63–99. Northampton: Edward Elgar.
Buchbinder, Pablo. 2005. *Historia de las universidades argentinas.* Buenos Aires: Sudamericana.
Buchbinder, Pablo, und Mónica Marquina. 2008. *Masividad, heterogeneidad y fragmentación. el sistema universitario argentino 1983–2007.* Los Polvorines: UNGS.
Carrera, Cecilia. 2019. Las asociaciones profesionales de sociología en Argentina y las disputas por la ‚profesión'. *Revista Temas Sociológicos* 25:87–124.
Comisión Curricular Permanente. 1985. *Proyecto de Reforma Curricular de la Carrera de Sociología de la Universidad de Buenos Aires.* Buenos Aires.
Elizalde, Josefina. 2019. La reconfiguración del campo cultural en la transición democrática: el Club de Cultura Socialista y sus funciones. *Revista Temas de Historia Argentina y Americana* 2(27): 63–93.

Garretón, Manuel Antonio, Miguel Murmis, Gerónimo de Sierra, und Hélgio Trindade. 2005. Social sciences in Latin America: A comparative perspective – Argentina, Brazil, Chile, Mexico and Uruguay. *Social Science Information* 44(2–3): 557–593. https://doi.org/10.1177/0539018405053297.

Heredia, Mariana, und Claudia Daniel. 2019. The taming of prices. Framing and fighting inflation in the second half of the twentieth century in Argentina. *Economic Sociology_The European Economic Newsletter* 20(2): 6–14.

de Ípola, Emilio, und Juan Carlos Portantiero. 1984. Crisis social y pacto democrático. *Punto de Vista* 21: 13–20.

Lechner, Norbert. 1986. De la revolución a la democracia. *La Ciudad Futura* 2: 33–35.

Lesgart, Cecilia. 2003. *Usos de la transición a la democracia. Ensayo, ciencia y política en la década del '80*. Rosario: Homo Sapiens.

Martínez, Ana. 2007. Lecturas y lectores de Bourdieu en la Argentina. *Prismas* 11:11–30.

Merklen, Denis. 2005. *Pobres Ciudadanos. Las clases populares en la era democrática (1983–2003)*. Buenos Aires: Gorla.

Nun, José. 1984a. Democracia y socialismo: etapas o niveles? *Punto de Vista* 22:21–26.

———. 1984b. La rebelión del coro. *Punto de Vista* 7(20): 6–11.

Nun, José, und Juan Carlos Portantiero. 1987. Prefacio. In *Ensayos sobre la transición democrática en la Argentina*, Hrsg. José Nun und Juan Carlos Portantiero, 9–11. Buenos Aires: Puntosur.

Portantiero, Juan Carlos. 1984. Socialismo y democracia. Una relación difícil. *Punto de Vista* VII(20): 1–5.

———. 1988. *La Construcción de un orden*. Buenos Aires: Nueva Visión.

Portantiero, Juan Carlos, und Emilio de Ípola. 1990. Luces y sombras de un discurso trascendente. *La Ciudad Futura* 25/26:7–10.

Sidicaro, Ricardo. 1991. Las sociologías después de Parsons. *Sociedad* 1:7–25.

———. 1993. Reflexiones sobre la accidentada trayectoria de la sociología en la Argentina. *Cuadernos Hispanoamericanos* 517–519:65–76.

Sigal, Silvia. 1991. *Intelectuales y poder en Argentina: la década del Sesenta*. Buenos Aires: Puntosur.

Vommaro, Gabriel. 2008. *„Lo que quiere la Gente". Los sondeos de opinión y el espacio de la comunicación política en Argentina (1983–1999)*. Buenos Aires: Prometeo-UNGS.

Wainerman, Catalina. 1984. *Concurso de Metodología*. Buenos Aires.

6

Akademische Professionalisierung und die Entwicklung der Soziologie zu einem beratenden Beruf (1989 bis heute)

Zusammenfassung Seit den 1990er-Jahren war die politische und wirtschaftliche Instabilität in Argentinien konstant und verwirrend. Da sich die Demokratie jedoch als beständig erwies und den Regierungswechseln keine Veränderungen in den wissenschaftlichen Einrichtungen folgten, wurde ein beispielloser Prozess der kumulativen Institutionalisierung ausgelöst. Die öffentlichen Universitäten vervielfachten sich, und die traditionell unterentwickelten Graduiertenprogramme wurden ausgebaut. Weder in den 1990er-Jahren, als eine neoliberale Ausrichtung vorherrschte, noch in den 2000er-Jahren, als progressive Regierungen an der Macht waren, wurde die Disziplin zu einem expliziten Schwerpunkt der Wissenschaftspolitik. Dennoch profitierte die Soziologie von der Vermehrung der Vollzeitstellen, und nicht ohne Schwierigkeiten – Zeiten des Überflusses wechselten sich mit Zeiten des Mangels ab – entwickelte sie sich zu einer vollwertigen Disziplin. Gleichzeitig begannen zahlreiche außeruniversitäre Einrichtungen des Staates, der Wirtschaft und des dritten Sektors, Soziologen einzustellen, was zu einer „praktischen Wende" führte. Die angewandte Soziologie war auf dem Vormarsch, auch wenn sich die Studiengänge gegenüber dieser neuen Situation als gleichgültig erwiesen.

Von Krise zu Krise

Zwischen 1990 und 2019 gab es eine unruhige Abfolge von Regierungen mit sehr unterschiedlichen politischen und wirtschaftlichen Ausrichtungen. Meistens trat jede Regierung ihr Amt im Kontext einer tiefgreifenden (und scheinbar endgültigen) wirtschaftlichen und sozialen Krise an, die die neuen Behörden zyklisch dazu veranlasste, eine 180-Grad-Wende zu versuchen. Doch anders als in der Vergangenheit führten Krisen nicht zu einem Staatsstreich. Ein allgemeiner gesellschaftlicher Konsens, der sowohl die Eliten als auch das Volk einschloss, hielt die Militärs in ihren Quartieren. Die Demokratie erwies sich zwar als widerstandsfähig, doch traten häufig schwere wirtschaftliche Schwierigkeiten und ein starker sozialer Verfall auf.

Obwohl sie die erste Nachfolge zwischen zwei demokratisch gewählten Präsidenten seit mehr als fünfzig Jahren sicherte, nahm die Regierung Alfonsín (1983–1989) kein glückliches Ende. Eine Hyperinflationskrise im Jahr 1989 zwang ihn sechs Monate vor Ablauf seiner Amtszeit zum Rücktritt. Auf Lebensmittelknappheit folgten Unruhen und Plünderungen von Supermärkten, während die jährliche Inflation 3000 % überstieg. Sein Nachfolger, Carlos Menem (1989–1999), war ein Peronist, dessen Aufstieg durch populistische Reden angeheizt wurde und der eine sofortige Erhöhung der Gehälter versprach. Doch sobald er an der Macht war, vernachlässigte er das traditionelle Repertoire des Peronismus und machte sich das neoliberale Credo zu eigen. Die Bemühungen, die Inflation einzudämmen, waren radikal: Privatisierungen aller staatlichen Unternehmen, Handelsliberalisierung und Deregulierung der Märkte und des Arbeitsmarktes folgten. Anfänglich erwies sich die marktfreundliche Politik als erfolgreich und brachte Stabilität und Wachstum. Die Euphorie war so groß, dass Menem verkündete, Argentinien werde „der Ersten Welt beitreten", und die IWF-Behörden stellten das Land der Welt als Beispiel vor, um weniger reformorientierte Regierungen zu belehren.

Die Stabilität hatte jedoch einen hohen Preis. Viele ehemals geschützte Industrien wurden demontiert, und die Arbeitslosigkeit wurde zu einem großen Problem. Die „strukturelle Anpassung" der Wirtschaft hatte kein

„menschliches Gesicht", wie es einige UNICEF-Beamte gefordert hatten (Jolly 1991). Eine Rezession verschlimmerte die Situation, und die Auslandsverschuldung erwies sich als unerschwinglich. Im Jahr 2001, im Kontext einer neuen sozialen Explosion, trat ein anderer Präsident der UCR zurück, der 1999 Menem abgelöst hatte. Argentinien befand sich im freien Fall: Zu einer Zeit, in der die Hälfte der Bevölkerung von Armut betroffen war und die Arbeitslosigkeit einen Höchststand von 25 % erreichte, kündigte die Regierung den größten Zahlungsausfall der modernen Weltgeschichte an. Die Menschen gingen in den wichtigsten Städten unter dem Motto „Sie [die Politiker] müssen alle gehen!" auf die Straße [*Qué se vayan todos!*]. In den letzten zehn Tagen des Jahres 2001 wurden vier Präsidenten abgesetzt. Das Land war kein Vorbild mehr, zumindest keines, auf das der IWF stolz sein konnte.

Doch bis 2003 erholte sich die Wirtschaft überraschend und das politische System normalisierte sich wider Erwarten. Der neue Präsident, der Peronist Néstor Kirchner (2003–2007), und später seine Frau Cristina Fernández (2007–2015), die zwei Amtszeiten lang seine Nachfolgerin war, schlossen sich mit Begeisterung dem Linksruck an, der viele lateinamerikanische Regierungen in den 2000er-Jahren kennzeichnete (Levitsky und Roberts 2011). Sie lehnten die angebotsorientierte Wirtschaft ab, förderten den Protektionismus, trieben das industrielle Wachstum voran und verstaatlichten einige wichtige Unternehmen. Der Peronismus, so die Kirchners, kehrte zu seinen ideologischen Wurzeln zurück. Während seine Regierung den IWF als Hauptursache für Argentiniens Unglück bezeichnete, bezahlte sie 2005 (in bar und in einer einzigen Zahlung) alle Schulden an diese Institution und strebte nach „wirtschaftlicher Souveränität". Angekurbelt durch den Rohstoffboom der 2000er-Jahre erreichte die Wirtschaft ein nie dagewesenes Wachstum.

Die Inflation kehrte jedoch zurück und die politische Polarisierung schwächte die peronistische Hegemonie, so dass 2015 eine rechte Koalition gewählt wurde. Die Neulinge brauchten nicht lange, um sich die neoliberale und marktfreundliche Politik zu eigen zu machen, deren Ergebnisse kaum schlechter hätten ausfallen können. Nach nur zwei Jahren, in denen das Land massive Auslandsschulden angehäuft hatte, wurde (erneut) der IWF um Finanzhilfe gebeten. Das bewilligte Darlehen war das höchste, das in der Geschichte des Fonds jemals gewährt wurde. Präsident Mauricio Macri (2015–2019) war so begeistert, dass er erklärte: „Wir hoffen, dass das ganze Land in Christine (Lagarde, geschäftsführende Direktorin des IWF) verknallt sein wird" (Bio 2018). Die Vereinbarung, die große Kürzungen bei den öffentlichen Ausgaben verlangte, erwies sich als erfolglos: 2019 konnte das Land seine Schulden nicht mehr bedienen, die Arbeitslosigkeit nahm zu und die Inflation stieg auf eine jährliche Rate von mehr als 50 %.

Wie nicht anders zu erwarten, waren die Universitäten und die Wissenschaft vor dieser Volatilität und dem Zickzackkurs nicht geschützt. Da ihre wirtschaftliche Basis größtenteils von den öffentlichen Haushalten abhing, waren die Möglichkeiten der Wissenschaftler, zu forschen und zu lehren, stark von den Konjunkturzyklen abhängig. Momente des Mangels, in denen es nur wenige Beschäftigungsmöglichkeiten gab, wechselten sich mit Zeiten des relativen Überflusses ab. Trotz der Instabilität haben sich die Dinge jedoch geändert. Seit den 1990er-Jahren kam es zu einem beispiellosen Prozess der kumulativen Institutionalisierung des akademischen Lebens, denn anders als in der Vergangenheit folgten auf Veränderungen in der Regierung keine Veränderungen innerhalb der Professorenschaft und der wissenschaftlichen Einrichtungen. Ohne politisch motivierte Säuberungen kam es zu einer Routinisierung und zu der Möglichkeit, eine stabilere – wenn auch nicht unproblematische – akademische Laufbahn einzuschlagen. Hinzu kommt, dass es trotz der Unterschiede zwischen den Regierungen Menem und Kirchner große Kontinuitäten in der Wissenschaftspolitik gab, die sich in einem konvergenten Trend zur Professionalisierung und zum Ausbau der Forschungs- und Lehrkapazitäten niederschlagen.

In den 1990er-Jahren förderte die neoliberale Regierung die Forschung an den Universitäten, indem sie die Gehälter all jener Professoren erhöhte, die in der Forschung tätig waren. Dies war nicht unbedeutend, da diese Tätigkeit, wie in Kap. 5 erörtert, zugunsten einer erhöhten Lehrbelastung geopfert worden war, die durch offene Immatrikulationen ausgelöst worden war. Außerdem wurden angesichts der mangelnden Ausbildung der Professorenschaft Graduiertenprogramme in allen Bereichen gefördert. Außerdem wurden Qualitätsbewertungs- und Akkreditierungsmechanismen gefördert, so dass Einzelpersonen und Universitäten nun regelmäßig bewertet wurden. Obwohl das CONICET weiterhin unterfinanziert war und beinahe aufgelöst worden wäre, wurde eine neue Forschungsagentur, die Nationale Agentur für Wissenschafts- und Technologieförderung, nach dem Vorbild der US-amerikanischen National Science Foundation gegründet, um die Forschung zu unterstützen. Diese Neuerungen gingen nicht ohne Widerstand vonstatten, da sie einen Wettbewerb um die Mittel unter den Wissenschaftlern auslösten und folglich zu einer Schichtung der Professorenschaft beitrugen, deren Gehälter bis zu diesem Zeitpunkt mehr vom Rang und den Dienstjahren als von der individuellen Leistung abhingen. Darüber hinaus wurden in der Absicht, die traditionelle Konzentration der Studenten auf die UBA zu verringern, sieben öffentliche Universitäten gegründet (die zu den bestehenden zwanzig hinzukamen) sowie eine Vielzahl privater Universitäten. Diese „Modernisierungs"-Agenda wurde von der Weltbank (WB) und der Interamerikanischen Entwicklungsbank (IDB) unterstützt, deren Kredite viele dieser Maßnahmen finanzierten. Der umstrittenste Punkt war die Einführung von Gebühren an öffentlichen Universitäten, die von diesen internationalen Institutionen nachdrücklich gefördert wurde. Dagegen wehrten sich die Studenten erfolgreich, und die Universitäten blieben zwar weiterhin gebührenfrei, aber auch unterfinanziert.

In den 2000er-Jahren, als die Wirtschaft florierte, wurden die Sorgen um das öffentliche Defizit überwunden und eine großzügige Wissenschaftspolitik gefördert. Erstaunlicherweise wurden zweiundzwanzig neue öffentliche Universitäten gegründet, und das CONICET wurde mit einer bemerkenswerten Vervielfachung der Vollzeitstellen und Doktorandenstipendien wiederbelebt. Zwischen 2003 und 2015 stieg die Zahl der Vollzeitstellen von 3579 auf 9236 und die der Doktoranden von 2351 auf 8868 (Beigel et al. 2018). Die Schaffung eines neuen Ministeriums für Wissenschaft und Technologie (MINCyT) im Jahr 2007 war ein weiterer Beweis für den Einsatz der Regierung für die Wissenschaft. Natürlich stand diese Expansion im Gegensatz zur neoliberalen Austerität. Dennoch wurden die Ressourcen durch einen institutionellen Rahmen kanalisiert, dessen Grundlagen in den vorangegangenen Jahren gelegt worden waren.

Nach der Wiedereinsetzung einer neoliberalen Regierung im Jahr 2016 kam es jedoch zu einer großen Veränderung. Während die Expansion des CONICET schnell gebremst wurde, erfuhren auch die öffentlichen Universitäten eine drastische Haushaltskürzung. Und mit der Verschärfung der Wirtschaftskrise wurden die Löhne und Gehälter ebenso wie die Forschungsmittel erheblich gekürzt. Während dieser Regierung gingen die staatlichen Investitionen in die Wissenschaft um 36 % zurück, während die Gehälter der CONICET-Forscher um mehr als 40 % sanken (Slipczuk 2020).

Weder in den 1990er- noch in den 2000er-Jahren war die Soziologie ein ausdrücklicher Schwerpunkt der Wissenschaftspolitik. Es überrascht nicht, dass die öffentlichen Entscheidungsträger, sowohl die neoliberalen als auch die progressiven, viel mehr daran interessiert waren, die Technik und die angewandten Naturwissenschaften zu fördern. Dennoch profitierte die Soziologie ebenso wie die anderen Sozial- und Geisteswissenschaften stark vom Wachstum der Universitäten, der Ausweitung der Graduiertenprogramme und der Vermehrung der Lehr- und Forschungsstellen. Eine teilweise und schlecht institutionalisierte Disziplin, die auf der Ebene der Graduiertenstudiengänge unterentwickelt war und der es an stabilen öffentlichen Forschungseinrichtungen mangelte, wurde schließlich zu einer vollwertigen Disziplin. Für einen großen Teil der Soziologen war das Ziel, hauptberuflich als Wissenschaftler tätig zu sein, nun mehr als eine Illusion.

Die Expansion beschränkte sich jedoch nicht auf den akademischen Bereich. Ganz im Gegenteil, viele staatliche Stellen, Privatunternehmen, Beratungsfirmen und Nichtregierungsorganisationen stellten Soziologen ein, und viele neue Nischen entstanden und festigten sich, in denen Soziologen ihr besonderes Fachwissen anbieten und einflussreiche Positionen erreichen konnten. Es ist erwähnenswert, dass Argentinien nach so großen Ländern wie den Vereinigten Staaten, Indien, China und dem Vereinigten Königreich die fünftgrößte Anzahl von Think Tanks in der Welt hat (McGann 2020). Es folgte eine „praktische Wende", und die traditionell mit der Disziplin verbundenen Bedeutungen und Gewohnheiten vervielfachten sich. Infolgedessen wurde die Auseinandersetzung um das, was die Disziplin war und sein sollte, erweitert und diversifiziert (Rubinich und Beltrán 2010). Obwohl sich die Studiengänge nur zögerlich an diese neue Situation anpassten, war die angewandte Soziologie auf dem Vormarsch.

Akademische Expansion in Zeiten des Überflusses und des Mangels

Trotz allgemeiner Instabilität und zyklischer Krisen kam das Ende der Säuberungen innerhalb der Professorenschaft und der öffentlichen Einrichtungen der Soziologie zugute; mit der Stabilität kam auch die Vervielfachung der Studiengänge (10 wurden in diesem Zeitraum eingerichtet) an verschiedenen öffentlichen Universitäten im ganzen Land. Dies führte dazu, dass die traditionelle zentrale Stellung des Grundstudiums an der UBA, die, wie in den vorangegangenen Kapiteln gezeigt wurde, praktisch ein Monopol auf die Ausbildung der neuen Generationen von Soziologen hatte, an Bedeutung verlor. Dieser Prozess vollzog sich jedoch schrittweise: 2001 waren noch 67 % der Studierenden der Soziologie in diesem Studiengang eingeschrieben, 2009 waren es 59 % und 2017 48 % (SCEU 2020). Es gab auch einige Studiengänge an Privatuniversitäten, aber im Allgemeinen hatten sie nicht viele Studierende. Im Gegensatz zur Politikwissenschaft, die ihren Weg an einige private Eliteuniversitäten gefunden hatte, blieben die Soziologie-Studiengänge weitgehend auf öffentliche Universitäten beschränkt.

Offensichtlich führte die Ausweitung der Studiengänge zwar zu zahlreichen neuen Stellen für Lehrkräfte, doch handelte es sich dabei im Allgemeinen nicht um Vollzeitstellen. Die Nachfrage der Studierenden reichte aus, um den Ausbau voranzutreiben, auch wenn klar war, dass die Soziologie im Gegensatz zu den 1960er-Jahren nicht mehr zu den attraktivsten Studiengängen gehörte. Während zwischen 2001 und 2017 die Gesamtzahl der Studierenden an allen Hochschulen um mehr als 40 % stieg, wuchs der Anteil der Soziologie nur um 10 %. Außerdem stagnierte die Zahl der Einschreibungen zwischen 2010 und 2017, im Gegensatz zu benachbarten Disziplinen (wie Psychologie, Geschichte, Wirtschaft oder Politikwissenschaft), die zwischen 16 und 25 % zulegten (SCEU 2020).

Gleichzeitig, und das ist für die Professionalisierung der akademischen Soziologie noch wichtiger, wurden die Graduiertenstudien eindrucksvoll ausgebaut. Wie in den vorangegangenen Kapiteln gezeigt wurde, war die quartäre Ebene in Argentinien unterentwickelt geblieben. Dafür gab es viele Gründe: die Organisation des Studiums nach dem Muster der „langen" Studiengänge (*licenciaturas*), die nach fünf oder sechs Jahren eine berufliche Identität verliehen, die Tendenz, die Forschung an den Universitäten zu vernachlässigen, die politische Instabilität und der Mangel an materiellen und personellen Ressourcen. Die Soziologie bildete hier keine Ausnahme; wer einen Doktortitel erwerben wollte, musste daher ins Ausland gehen. In den 1990er-Jahren waren Masterstudiengänge die ersten neuen Studiengänge, die eingeführt wurden, gefolgt von Promotionsstudiengängen im nächsten Jahrzehnt. Die meisten der neuen Studiengänge wurden im Bereich „Sozialwissenschaften" angeboten und ebneten den Weg für eine stärkere Interaktion zwischen Soziologen und anderen Sozialwissenschaftlern. Die Masterstudiengänge in den Sozialwissenschaften, von denen der größte Teil berufsorientiert war, stiegen sprunghaft an: von 2001 bis 2017 von 37 auf 493, während die Zahl der akademischen Promotionsprogramme auf 17 stieg (SCEU 2020). Allein an der UBA haben zwischen 2002 und 2019 mehr als 800 Personen in Sozialwissenschaften promoviert. Es überrascht nicht, dass die Institutionalisierung des Doktoratsstudiums die Situation der Soziologie veränderte, da sie der akademischen Laufbahn einen klareren Weg verlieh und die traditionelle Vormachtstellung des Undergraduate-Studiums untergrub. Der Doktortitel wurde zu einer Grundvoraussetzung für die jüngeren Generationen, die auf der akademischen Karriereleiter nach oben klettern wollten, insbesondere beim CONICET (Beigel et al. 2018). Für ältere Soziologen blieb der Lehrstuhl an einer *Licenciatura* zwar eine Quelle des Prestiges (und des Einkommens), aber die Lehrtätigkeit für Doktoranden wurde immer wichtiger.

Darüber hinaus gab die Ausweitung der Graduiertenprogramme der Forschungstätigkeit einen großen Auftrieb. In vielen Fällen wurden diese Studien im Rahmen von Forschungsteams durchgeführt, die sich um einen oder zwei leitende Forscher gruppierten, die die Aktivitäten überwachten und frische Hochschulabsolventen als Forschungsassistenten anstellten. Die Bildung dieser Teams, die die Arbeit weniger individuell gestalteten, wurde an den Universitäten durch die Zuweisung bestimmter Mittel gefördert, die die kollektive Forschung anregten. Obwohl diese Mittel in den Sozialwissenschaften im Allgemeinen recht gering waren, deckten sie einige grundlegende Ausgaben des akademischen Lebens wie (kleinere) Feldarbeiten, Reisekosten und Konferenzgebühren ab. Sie

6 Akademische Professionalisierung und die Entwicklung der ...

waren auch für das Verlagswesen von Bedeutung, da sie zur Bezuschussung der Druckkosten von Büchern verwendet wurden, an deren Druck angesichts des begrenzten Publikums sonst kein Verlag interessiert gewesen wäre. An der UBA ermöglichte dies die Stärkung des Instituts für Soziologie, einer Organisation, die nach der Gründung der Fakultät für Sozialwissenschaften (FCS) im Jahr 1990 begann, Kollegen aus anderen Studiengängen zu versammeln und folglich in ein Institut für „Sozialwissenschaften" umgewandelt wurde.[1]

Die kumulative Entwicklung der Soziologie (und anderer Sozialwissenschaften) in den öffentlichen Einrichtungen blieb für die privaten Forschungsinstitute nicht folgenlos. Wie in den vorangegangenen Kapiteln dargelegt, wurde der größte Teil der empirischen Forschung, die in der Vergangenheit durchgeführt wurde, von diesen Instituten geleistet. Sie unterhielten zwar weiterhin enge Beziehungen zu ausländischen Geldgebern, verloren aber ihre zentrale Stellung als Forschungseinrichtungen. Ihr Einfluss schwand jedoch nicht, denn die Ausweitung der Forschung und der Bedarf an erfahrenem Personal für die Betreuung von Dissertationen und die Lehrtätigkeit in neuen Graduiertenkollegs waren ein wichtiger Antrieb für die Aufwertung der „wissenschaftlichen Soziologie". Man wird sich daran erinnern, dass „wissenschaftliche Soziologen" im politisierten UBA-Studiengang nicht sehr willkommen waren. Doch nun führte die Professionalisierung des akademischen Lebens zu einer Aufwertung ihres Status und ihrer Macht. Ein Beweis dafür ist, dass zwei neue öffentliche Universitäten, die Nationale Universität General Sarmiento (UNGS) und die Nationale Universität San Martín (UNSAM), ein Abkommen mit IDES, einem der wichtigsten privaten Think Tanks, geschlossen haben, um gemeinsam zwei Graduiertenprogramme zu starten, eines in Sozialwissenschaften und eines in Anthropologie. Die Universitäten trugen mit ihrer Fähigkeit zur Vergabe von Diplomen bei, IDES mit seinen hochqualifizierten Humanressourcen.

---

[1] Da im Laufe der Jahre immer mehr Wissenschaftler aus verschiedenen Sozialwissenschaften immatrikuliert wurden, vervielfachten sich die Forschungsbereiche. So wurde es zu einem wichtigen Orientierungspunkt für die Studenten des UBA-Studiengangs, die eine akademische Laufbahn einschlagen oder zumindest Forschungserfahrung sammeln wollten. Heute ist das Institut mit 260 Wissenschaftlern, 115 Forschungsmitarbeitern und 248 Stipendiaten, die sich auf 50 Forschungsgruppen verteilen, das größte Forschungsinstitut der UBA und eines der größten in Lateinamerika (IIGG 2020).

Dennoch fand die Professionalisierung der akademischen Soziologie in den 1990er-Jahren im Rahmen einer recht begrenzten materiellen Ressourcenbasis statt. Es gab einige Personen, denen es gelang, Forschungsmittel zu erhalten und einige der neuen Stellen zu besetzen, die durch die Erweiterung der Universitäten (und der Studiengänge) ermöglicht wurden. Aber im Allgemeinen blieben die Löhne niedrig, was zu häufigen Streiks führte. An der UBA beispielsweise verdiente ein assoziierter Vollzeitprofessor nicht mehr als 1100 US-Dollar im Monat, eine Summe, die 30 % unter dem lag, was er vor der Hyperinflationskrise von 1989 verdiente. Ein teilzeitbeschäftigter Mitarbeiter würde nur 147 US-Dollar erhalten.[2] Hinzu kommt, dass Ad-hoc-Stellen unter den Professoren und Dozenten dieser Universität weit verbreitet waren, da die Zahl der Einschreibungen zunahm, während die Budgets in etwa gleich blieben (oder sogar gekürzt wurden). Im Jahr 2007 war fast die Hälfte der Mitarbeiter des Soziologie-Studiengangs unbezahlt (Blois 2012). Am CONICET sah es nicht viel besser aus, denn die Regierung Menem fror die Gehälter und neuen Stellen ein (Beigel und Sorá 2019), während die Doktorandenstipendien kaum ausreichten, um die Rechnungen zu bezahlen. Diese Situation verlieh dem akademischen Leben einen asketischen Beigeschmack und veranlasste viele Wissenschaftler, sowohl ältere als auch jüngere, ihre Arbeitstage um zusätzliche Aufgaben zu erweitern. Einige unterrichteten in Teilzeit an verschiedenen Institutionen, andere stürzten sich auf den expandierenden Markt der Beratungsjobs (siehe unten). Im Gegensatz zu früheren Generationen waren sie akademische „Profis", ohne jedoch die Möglichkeit zu haben, ihre gesamte Zeit ihren (angeblich exklusiven) Aufgaben zu widmen.

Die Haushaltszwänge machten sich auch bei der Infrastruktur bemerkbar. An der UBA erhielt die Fakultät für Sozialwissenschaften ein neues Gebäude in der Nähe des Stadtzentrums von Buenos Aires, das wesentlich besser war als die Kellerräume der Fakultät für Rechts- und Sozialwissenschaften (FDyCS) (siehe Kap. 4). Es dauerte jedoch nicht lange, bis sich die neuen Räumlichkeiten als unzureichend erwiesen. Es handelte sich um eine ehemalige Entbindungsstation, die nicht für die

---

[2] Während der Wirtschaftskrise im Jahr 2002 wurden die Gehälter durch die Inflation so stark aufgezehrt, dass einige Vollzeitprofessoren an den Rand der Armut gerieten.

Unterbringung einer Schule konzipiert worden war und daher weder über Säle, Cafeterias, Hörsäle noch Räume für das Personal verfügte (Bonaldi 2009). Außerdem war sie klein: In den Stoßzeiten, wenn mehr Unterricht stattfand, waren die Flure und Treppen überfüllt mit Schülern, die geduldig versuchten, zu ihren Klassenzimmern zu gelangen. Das Problem war so groß, dass zwei Studiengänge, Kommunikationswissenschaft und Politikwissenschaft, in ein anderes Gebäude verlegt wurden. Dem Forschungsinstitut erging es nicht besser, da es im sechsten Stock eines nahe gelegenen (und verfallenen) Gebäudes untergebracht wurde. Da es nicht genügend Platz hatte, gewöhnten sich die meisten Mitarbeiter daran, in einem Home-Office zu arbeiten und viele Sitzungen in Cafés abzuhalten. Im Studiengang Soziologie war diese Armut besonders in den Methodikkursen spürbar, die ohne Computer abgehalten wurden, obwohl die Lehrkräfte davon sprachen, wie neue statistische Software (wie SPSS) die Datenverarbeitung veränderte. Der Unterricht, der nur mit Kreide und Tafel abgehalten wurde, wirkte anachronistisch und stand im Gegensatz zu den Gründungszeiten in den 1950er-Jahren, als Germani und seine Mitarbeiter einen neuen Computer anschafften.

Wie zu erwarten war, war die Ausrichtung der Forschung nicht immun gegen begrenzte finanzielle Mittel, und der Mangel an Mitteln und Ausrüstung führte zu einer Ausweitung der qualitativen und fallstudienbasierten Untersuchungen. Tiefeninterviews, Lebensgeschichten und ethnografische Beobachtungen sowie Archivanalysen waren sicherlich viel erschwinglicher als groß angelegte quantitative Forschung. Natürlich stand die Neubewertung qualitativer Ansätze in den 1990er-Jahren nicht ohne Zusammenhang mit der von Giddens beschriebenen Krise des orthodoxen Konsenses, dem Aufkommen des sozialen Konstruktivismus und der zunehmenden Beschäftigung mit Kultur und sozialen Identitäten (Calvo et al. 2020). Die positive Aufnahme qualitativer Strategien auf lokaler Ebene war jedoch untrennbar mit der finanziellen Anfälligkeit der Soziologie (wie auch der Sozialwissenschaften im Allgemeinen) verbunden. Natürlich gab es in der akademischen Welt Soziologen, die quantitative Studien durchführten, aber mit Ausnahme derjenigen, die in privaten Forschungsinstituten arbeiteten und über ausländische Mittel verfügten, wurden die Daten im Allgemeinen von den staatlichen Statistikämtern (über Arbeit, Armut, Klasse, Wahlen) bezogen.

Eines der einflussreichsten Bücher in der soziologischen Szene Ende der 1990er-Jahre war ein Sammelband mit dem Titel *Desde abajo. La transformación de las identidades sociales* (*Von unten. Transformationen sozialer Identitäten*) (Svampa 2000), in dem qualitative Methoden die Hauptrolle spielten. In Anlehnung an die zeitgenössische Wissenschaft über reflexive Modernität und Individualisierung, wie sie von Giddens, Beck und anderen entwickelt wurde, und an die französischen Debatten über die *métamorphoses de la question sociale* untersuchten die Autoren die Veränderungen der sozialen Identitäten, die durch die (schädlichen) neoliberalen wirtschaftlichen Veränderungen hervorgerufen wurden. Dazu untersuchten sie detailliert und lebendig die Abstiegserfahrungen traditioneller Arbeiter und Mittelschichten, die mit prekärer Arbeit und schwindenden Einkommen konfrontiert waren, und legten besonderes Augenmerk auf die Situation ihrer Nachkommen, die sich mit einem viel härteren Arbeitsmarkt und einem Wohlfahrtsstaat auf dem Rückzug auseinandersetzen mussten. Die Krisen der „Lohnarbeitsgesellschaft", die „neue Armut", die „Entfremdung" sowie neue Formen der politischen Organisation der (wachsenden) Gruppe der Armen und Bedürftigen waren die Hauptthemen. Da sich die von der „ersten Moderne" geerbten sozialen Strukturen in einer Krise befanden und ein neuer Individualismus (mit größeren Freiheitsgraden, aber auch bedroht durch Anomie) auf dem Vormarsch war, forderten die Autoren einen Ansatz „von unten", d. h. von der sich wandelnden Subjektivität derjenigen, die am unteren Ende der Gesellschaft stehen.

Die Betonung der empirischen Forschung war auch eine Reaktion auf den normativen Ansatz, der, wie in Kap. 5 gezeigt wurde, die Ansichten der Soziologen über die Demokratie in den 1980er-Jahren weitgehend prägte. Wie einer der Autoren des Buches später behauptete, war es notwendig, „das Soziale" gegen abstrakte Vorstellungen von „reinen Bürgern" und „formaler Demokratie" zu stärken: Soziologen mussten sich in der Praxis engagieren, um über Vorurteile und subjektive Urteile hinauszugehen (Merklen 2005). Wurden früher das Engagement und die Rolle des öffentlichen Intellektuellen geschätzt, so vertrat die neue Generation einen „distanzierteren" und „geerdeten" Ansatz, der den Anforderungen ihrer professionalisierten Arbeit viel besser entsprach.

Die akademische Professionalisierung innerhalb der Soziologie erhielt im folgenden Jahrzehnt einen bedeutenden Schub, als der wirtschaftliche Wohlstand und die wissenschaftsfreundliche Regierung Kirchners zu großzügigen Budgets für die öffentlichen Universitäten und das (geschwächte) CONICET führten. An diesen Einrichtungen vervielfachte sich die Zahl der Arbeitsplätze, vor allem an den letzteren, wo die Sozial- und Geisteswissenschaften dank der neuen Ära die traditionelle Vorherrschaft der Natur- und exakten Wissenschaften ausgleichen konnten. Während 1983 nur 15 % des gesamten Personals diesen Disziplinen angehörten, lag ihr Anteil 2015 bereits bei 22 % (Beigel und Sorá 2019). Die absolute Entwicklung ist vielleicht noch deutlicher: Die Zahl der Vollzeitforscher stieg von 705 im Jahr 2003 auf 2245 im Jahr 2016. Die Zahl der Doktorandenstipendien stieg im selben Zeitraum sogar noch stärker von 493 auf 2896 (Piovani 2018). Auch die Gehälter haben sich erholt: Lag das Gehaltsniveau an der UBA im Jahr 2001 bei 100 (dargestellt durch einen Indexwert), so erreichte es 2009 156 (nach einem kritischen Moment im Jahr 2004, als die Inflation es auf 66 ansteigen ließ). Folglich konnten sich die Vollzeitbeschäftigten ausschließlich ihren akademischen Aufgaben widmen, auch wenn die Gewohnheit, viele Jobs anzunehmen, weiter bestand, da die Löhne, auch wenn sie sich stark verbessert haben, im Vergleich zu den Löhnen in anderen Ländern der Region wie Brasilien, Chile oder Mexiko immer noch niedrig sind.

Wie nicht anders zu erwarten, folgte auf die steigende Zahl von Wissenschaftlern eine Explosion der Forschungsthemen. Neue Bereiche wie Gender Studies, Kultur, Wirtschaft oder soziale Bewegungen gediehen ebenso wie traditionellere wie die politische Soziologie, die Soziologie der Arbeit oder die Sozialstrukturforschung. Aufschlussreich, wenn auch nicht ohne eine gewisse Übertreibung, fasste Portantiero 2003 die Entwicklung der Hauptanliegen der Sozialwissenschaften in Argentinien (wie auch in Lateinamerika) zwischen den 1950er- und 1980er-Jahren als eine Abfolge von drei großen D's zusammen: Development, Dependency und Democracy (Portantiero 2005). Wenn später ein neues D für Disaffiliation hinzugefügt wurde, um auf die 1990er-Jahre zu verweisen (Svampa 2008), wäre es ab den 2000er-Jahren äußerst schwierig, ein Thema herauszugreifen, das alle in der Folgezeit durchgeführten Forschungen umfassen könnte.

Dennoch waren die Kontinuitäten zu den 1990er-Jahren in den Arbeitsstilen deutlich erkennbar, die im Allgemeinen durch begrenzte Spielräume und empirisch fundierte Untersuchungen gekennzeichnet waren. Qualitative und sozio-historische Ansätze herrschten vor und machten Platz für den Diskurs der Akteure und den sozialen Konstruktivismus (Benzecry und Heredia 2017). So blieben auch in den fetten Jahren große und quantitative Studien ungewöhnlich (Piovani 2018). Natürlich begünstigte die Art der von CONICET angebotenen Stipendien und Ernennungen, über die nach der Evaluierung einzelner Projekte entschieden wurde, die Vorlage von Erklärungen, in denen die Produktion von Informationen vom Kandidaten selbst und mit einem kleinen Budget durchgeführt werden konnte (Calvo et al. 2020). Größere Versprechungen könnten die Bewerter misstrauisch machen, was die Durchführbarkeit und den Realismus des Bewerbers angeht. Die darauf folgende explosionsartige Zunahme von Fallstudien kann nicht von diesen Anreizen abgekoppelt werden. Aber auch, und das ist vielleicht noch entscheidender, obwohl die Finanzierung in den 2000er-Jahren stark ausgeweitet wurde, „wurden Mikrozuschüsse bevorzugt, die auf die verschiedenen Institutionen und Forschungsteams verteilt waren, was von Großprojekten abhielt" (Piovani 2017). Da sich die Ausgaben nicht immer an den Zeitplan hielten und sich manchmal um mehr als ein Jahr verzögerten, wurde die Planung und Durchführung ehrgeiziger Studien, bei denen die Koordination vieler Akteure erforderlich war, mühsam. Erschwerend kam hinzu, dass die Inflation vor allem ab 2011 anstieg und den Wert der Gelder aufzehrte, lange bevor sie an die Empfänger ausgegeben wurden. Die makroökonomische Instabilität ließ sich nicht gut mit groß angelegten Studien kombinieren.

Es gab eine wichtige Ausnahme. Im Jahr 2012 wurde ein großes und beispielloses Programm gestartet, um neue quantitative Informationen über breite gesellschaftliche Trends zu sammeln. Die Untersuchung umfasste drei nationale Erhebungen zur Sozialstruktur, zu den sozialen Beziehungen sowie zu Werten und Einstellungen. Ein Heer von Forschern aus verschiedenen Sozialwissenschaften wurde zusammengezogen, um Feldarbeit in 339 Städten durchzuführen. Die Studie bot nicht nur neue und umfassende quantitative Daten, sondern war auch wichtig, da sie Informationen über die verschiedenen Regionen des Landes lieferte und damit ein Gegengewicht zu der für die argentinische Wissenschaft traditionell charakteristischen Konzentration auf die Großstädte bildete. Es ist erwähnenswert, dass das Projekt, auch wenn es vom Wissenschaftsministerium großzügig finanziert wurde, streng genommen kein Wunschkind war. Das Projekt diente vielmehr als eine Art Friedensangebot, zu dem sich der Minister gezwungen sah, nachdem er in einem ausführlichen Interview mit einer nationalen Fachzeitschrift erklärt hatte, die Sozialwissenschaften seien nicht wissenschaftlich und daher mit der „Theologie" vergleichbar. Für ihn, einen renommierten Chemiker, der sich auf dem Gebiet des Klonens von Kühen einen Namen gemacht hatte, hätten profitablere Bereiche wie Softwareentwicklung, Nanotechnologie und Biotechnologie bevorzugt werden sollen (Piovani 2017).

Die Professionalisierung der akademischen Laufbahn und ihre Kritiker

Einer der einflussreichsten Aspekte der akademischen Professionalisierung war die Verbreitung und Ausweitung von Evaluierungs- und Peer-Assessment-Mechanismen in den Zulassungs- und Beförderungsverfahren für diejenigen, die auf der akademischen Leiter aufsteigen wollen. Diese Mechanismen waren im lokalen Szenario nicht völlig neu, da, wie in den vorangegangenen Kapiteln gezeigt wurde, diejenigen, die in den privaten Forschungsinstituten arbeiteten, mit ihnen recht vertraut waren. Aber diese Bewertungsmechanismen wurden nun allgegenwärtig, und mit der Ausweitung der Prüfungen und der Prüfungskultur bildeten sich neue Gewohnheiten heraus. Der Einzelne musste die neue Kunst des Ausfüllens von Formularen, des Verfassens von Berichten und des geduldigen Sammelns von Bescheinigungen, die den Wahrheitsgehalt der Berichte bestätigten, beherrschen. Die Bewerbungsformulare für ein Stipendium, eine Finanzierung oder eine Stelle bei CONICET und die darin als besonders wichtig erachteten Punkte wurden zu einem entscheidenden Kompass für Entscheidungen und Beurteilungen in Forschung und Lehre.

Dieser Trend betraf nicht alle Akademiker in gleicher Weise. Wie zu erwarten war, waren die jüngeren Generationen, die sich auf dem umkämpften Arbeitsmarkt behaupten mussten, stärker von den neuen Anforderungen betroffen. Das Gleiche gilt für die Mitarbeiter von CONICET. Wie Beigel et al. (2018) dargelegt haben, führte der Ausbau der wissenschaftlichen Kapazitäten und der Graduiertenprogramme ab den 1990er-Jahren zur Herausbildung differenzierter Anerkennungskreisläufe, die in zwei unterschiedlichen institutionellen Kontexten verankert sind: an den öffentlichen Universitäten einerseits und am CONICET andererseits. Und obwohl die Akkreditierung an den öffentlichen Universitäten zur Routine wurde und die Forschungstätigkeit an Bedeutung gewann, blieben große Unterschiede bestehen. An den Universitäten waren die Anforderungen an die Veröffentlichungen geringer, und die Wissenschaftler tendierten dazu, ihre Arbeiten in lokalen Zeitschriften mit begrenzter Auflage zu veröffentlichen, während von den Wissenschaftlern des CONICET zunehmend erwartet wurde, dass sie in größerem Tempo und in internationalen, indexierten Zeitschriften publizieren.

Wie in anderen lateinamerikanischen Ländern war der Aufstieg der wissenschaftlichen Publikationen unaufhaltsam (Piovani 2018), und das Mandat „publish or perish" wurde für einen größeren Teil der Soziologen zur gelebten Realität und prägte ihre Forschungspraktiken und Schreibstrategien. Als Reaktion darauf wurden neue begutachtende Zeitschriften gegründet. Eine der ersten war *Sociedad*, eine 1991 von der sozialwissenschaftlichen Fakultät der UBA gegründete Zeitschrift, der viele andere folgten: Von den 35 soziologischen Zeitschriften, die 2014 aktiv waren, wurden sechzehn in den 1990er-Jahren und weitere sechzehn seit 2001 gegründet (Beigel und Salatino 2015). Dies ging in hohem Maße zu Lasten der politischen und kulturellen Zeitschriften, die in der Vergangenheit so wichtig waren, wie in den Kap. 3 und 5 *dargelegt*. Diese Publikationen sind zwar immer noch im intellektuellen Bereich sichtbar und verleihen ihren Autoren ein gewisses Prestige, aber da sie nicht referiert werden, verlieren sie bei den jüngeren Generationen zwangsläufig an Bedeutung.

Dennoch verlief die Expansion wissenschaftlicher Zeitschriften nicht ohne Schwierigkeiten. Nicht selten verfügten die Redaktionsteams nicht über eine eigene Finanzierung und waren daher weitgehend von persönlichen Bemühungen abhängig, was der Regelmäßigkeit und der internationalen Indexierung abträglich war (Beigel und Salatino 2015). Im Gegensatz zu anderen Ländern wie Brasilien oder Mexiko, wo es seit langem etablierte wissenschaftliche Zeitschriften gibt und eine einvernehmliche Hierarchie zwischen ihnen besteht, erwiesen sich die soziologischen Zeitschriften in Argentinien als unzureichend, um den durch die akademische Professionalisierung ausgelösten Anstieg der wissenschaftlichen Publikationen zu kanalisieren. Daher ging der Trend zum Publizieren im Ausland. Die Internationalisierung wurde durch die Evaluierungskultur des CONICET begünstigt (Beigel und Bekerman 2019), aber der Export von Publikationen war auch stark durch den relativen Mangel an lokalen Absatzmärkten bedingt (Blanco und Wilkis 2018).

Es ist erwähnenswert, dass argentinische Soziologen im Gegensatz zu anderen soziologischen Peripherien, in denen die Veröffentlichung in internationalen englischsprachigen Zeitschriften gefördert wurde, wie in Chile oder dem arabischen Osten(Hanafi 2011), ihre Arbeiten überwiegend in brasilianischen, mexikanischen und spanischen Zeitschriften veröffentlichten. Auf diese Weise erzeugten sie eine heterodoxe oder „periphere Internationalisierung" (Blanco und Wilkis 2018). Auch wenn dies ihre Präsenz in den zentralen internationalen Kreisen schmälerte, bot es ihnen die Chance, ohne Übersetzungskosten veröffentlicht zu werden und – was noch wichtiger ist – ohne die Notwendigkeit, ihre Ideen und Themen an die in diesen Kreisen bevorzugten Formate und Agenden anzupassen. Wie Piovani (2018) gezeigt hat, war die traditionelle IMRAD-Gliederung (Introduction, Methods, Results, Discussion), die in den internationalen Mainstream-Zeitschriften so üblich ist, in den argentinischen Sozialwissenschaften eher marginal. Dennoch bedeutete die Kanalisierung von Beiträgen innerhalb eines regionalen Kreislaufs nicht zwangsläufig eine Vernachlässigung der im „globalen Norden" produzierten Wissenschaft: Es waren die Vereinigten Staaten und Europa, und insbesondere Frankreich,[3] wo lokale Sozialwissenschaftler, einschließlich

---

[3] Frankreich ist für die meisten Soziologen in Argentinien ein wichtiger Bezugspunkt. In den 1990er-Jahren, als es noch keine einheimischen Promotionsprogramme gab, war Frankreich bei weitem das wichtigste Ziel für diejenigen, die einen Doktortitel erwerben wollten (45 %), gefolgt von Brasilien und Mexiko (21,5 %), Spanien (13,7 %) und den Vereinigten Staaten (9,8 %) (Blanco und Wilkis 2018). Dieser Einfluss war auch bei den Buchübersetzungen zu beobachten.

Soziologen, nach Inspiration suchten, insbesondere bei Theorien und Methoden, während die lateinamerikanische Wissenschaft trotz großer sozialer Ähnlichkeiten viel weniger zitiert wurde (Piovani 2018).

Wie zu erwarten war, förderte die Professionalisierung des akademischen Lebens eine zunehmende „Loslösung" unter den Soziologen. Es gab zwar einige, die sich weiterhin stark für die Öffentlichkeitsarbeit engagierten, aber da rein akademische Bemühungen von CONICET am meisten belohnt wurden, überwog die Orientierung an der eigenen Disziplin. Studenten im Grundstudium waren nach wie vor ein wichtiges Publikum, aber die Studenten im Hauptstudium, die den neuen Regeln des akademischen Spiels unterworfen waren, glichen ihren Einfluss aus. Selbst wenn also eindeutig „heiße" Themen auf der öffentlichen Agenda (Armut und soziale Ungleichheit, Kriminalität, Politik) behandelt wurden, tendierten sie häufig dazu, als „öffentliche Probleme" (Benzecry und Heredia 2017) konzeptualisiert zu werden, wobei ein offener normativer Ton oder eine ideologische Positionierung, die über eine diffuse liberale Haltung hinausgeht, vermieden wurde. Es gab sogar diejenigen, die die Sozialwissenschaften mit den Geisteswissenschaften verbanden und die Bedeutung ihrer Untersuchungen auf der Grundlage der Idee des Wissens als Selbstzweck verteidigten.

Dies bedeutet nicht, dass die Soziologen der Möglichkeit, in den Medien oder der Presse zu erscheinen, gleichgültig gegenüberstehen. Im Gegenteil, man wollte interviewt werden oder eine Kolumne veröffentlichen, und die Ergebnisse wurden mit Begeisterung mit Gleichgesinnten und in den sozialen Medien geteilt. Diese Erfolge mögen bei CONICET nicht ausschlaggebend sein, waren aber eine gute Möglichkeit, sich innerhalb der soziologischen Gemeinschaft einen Namen zu machen. Darüber hinaus richtet einer der traditionellsten und renommiertesten Verlage der Sozial- und Humanwissenschaften, Siglo XXI, seine Titel an ein größeres, nicht spezialisiertes Publikum (es werden nie weniger als 3000 Exemplare gedruckt, und es wird nie eine Finanzierung durch den Autor verlangt) (Baranger 2020). Die Soziologen, die in diesem Verlag publizierten,

---

Laut Sorá und Dujovne (2018) war die Auflage französischer Titel in den Sozial- und Geisteswissenschaften doppelt so hoch wie die aus den Vereinigten Staaten und England. Daher war es nicht ungewöhnlich, dass einheimische Soziologen Theorien oder Ideen aus den Vereinigten Staaten aufgriffen, sobald sie im französischen intellektuellen Milieu diskutiert worden waren.

mussten ihre wissenschaftlichen Texte so gestalten, dass sie in den Regalen der Buchhandlungen attraktiv waren. Für diejenigen, die eine berufliche Laufbahn einschlugen, waren Soziologie und Politik jedoch zwei klar voneinander getrennte Bereiche. Sowohl der Aktivist als auch der öffentliche Intellektuelle waren nun weitgehend passé.

Es überrascht nicht, dass die akademische Professionalisierung nicht ohne harsche Kritik ablief, insbesondere von einigen Vertretern der älteren Generationen, aber auch von jenen, die nicht die Möglichkeit (oder die Absicht) hatten, dem CONICET beizutreten, und die ihren Lebensunterhalt ohne die damit verbundenen Zwänge bestreiten konnten. Einige stellten die zunehmende „Bürokratisierung" des akademischen Lebens und seine neue und allgegenwärtige Prüfungskultur in Frage. Andere hinterfragten die Produktivitätssteigerung, die sich aus den verstärkten Publikationsanforderungen ergab, und prangerten einen „Schreibwahn" an, bei dem „Seiten, die das Gleiche wiederholen, vervielfacht werden [und bei dem] nicht mehr das Gesagte wichtig ist, sondern die Fähigkeit, in Produktivitätsindizes gut abzuschneiden" (Caletti 2003, S. 273). Darüber hinaus gab es Professoren, deren Hauptaufgaben auf der Ebene des Grundstudiums lagen, die sich über die „Abwertung" der *Licenciatura* beklagten, die nicht nur durch die Ausweitung der Graduiertenprogramme bedroht war, sondern auch durch Wissenschaftler, die aus Sorge um ihre nächste Arbeit ihre Lehranforderungen nicht ernst nahmen.

Die Hauptkritik richtete sich jedoch gegen die zunehmende Trennung der Soziologen vom Aktivismus und gegen das, was als „individueller Karrierismus" dargestellt wurde. Es ist erwähnenswert, dass es diejenigen gab, die die Loslösung feierten, da sie als wesentliche Voraussetzung für die Abkehr von der „normativen" Soziologie zugunsten eines „wissenschaftlichen" Ansatzes angesehen wurde. Doch die Kritik an der „Domestizierung" einer „einst kritischen Disziplin" ließ nicht lange auf sich warten. Dies war der Fall, als eine Gruppe von Professoren unter der Leitung des ehemaligen Mitglieds der *cátedras nacionales* Horacio González 1991 eine politisch-kulturelle Zeitschrift mit dem Titel *El ojo mocho* ins Leben rief, die die essayistische Tradition gegen die wissenschaftliche Arbeit verteidigte und Philosophie, Literatur und Ästhetik gegen eine angeblich kurzsichtige akademische (und empirische) „Spezialisierung" rechtfertigte. Auf der Suche nach Inspiration in der Vergangenheit ist es bemerkenswert, dass auf den Seiten dieser Zeitschrift eine Bewegung zur Wiederbelebung der *cátedras nacionales* eingeleitet wurde: Ihre frühere Kritik an der „wissenschaftlichen Soziologie" und an der Idee der Soziologie als Beruf passte zu den aktuellen Bedürfnissen derjenigen, die nicht auf den Trend zur „Professionalisierung" aufspringen konnten (oder wollten).

Die Kritik setzte sich fort, als die Zahl der akademischen Stellen und Stipendien nach 2003 erheblich ausgeweitet wurde. Es wurde behauptet, dass eine „übermäßige Professionalisierung" und ein „hegemoniales" akademisches Modell existiert, das „Wissenschaft und politisches Engagement" auf nachteilige Weise voneinander trennt (Svampa 2008). Manche sprachen sarkastisch vom „Arbeiter am Lebenslauf", einer neuen Figur, deren *Libido* mehr auf die akribische Erweiterung des Lebenslaufs als auf gesellschaftlich relevante Forschung gerichtet sei. In diesem Sinne warnte Lucas Rubinich (1955-), von 2004 bis 2010 Leiter des UBA-Studiengangs und einer der Hauptkritiker der akademischen Professionalisierung, im Jahr 2007 vor einem „individualisierten und entpolitisierten" Wissenschaftssystem, das „Minderheiten mit Referenzen" fördere, die nicht zögerten, „sich der von außen auferlegten akademischen Agenda unterzuordnen" (Rubinich und Langieri 2007). In einem Zeitungsinterview äußerte er die Befürchtung, dass die neue Situation den traditionellen kritischen Geist der einheimischen Soziologie ersticken könnte, ganz offen: „Entweder man jagt verzweifelt nach Fördermitteln oder man stellt kritische Fragen, um auf lebendige Weise über Argentinien nachzudenken" (Lorca 2007). Doch trotz der Kritik hat sich die akademische Professionalisierung im Laufe der Zeit gefestigt. Angesichts der beträchtlichen Ausweitung der akademischen Beschäftigungsmöglichkeiten war die anti-akademische Strategie, die in der Vergangenheit nicht unüblich war, nun kostspieliger, da es viel mehr zu verlieren gab.

Soziologie als beratender Beruf

Obwohl der Ausbau der Forschungs- und Lehrkapazitäten bemerkenswert war, bot der akademische Arbeitsmarkt bei weitem nicht allen jungen Soziologen, die jedes Jahr ihre *Licenciatura* abschlossen, eine Stelle.

In Zeiten des Überflusses verbesserten sich die Chancen auf ein Stipendium für ein Graduiertenstudium oder eine Stelle an einer Universität oder im CONICET erheblich, aber selbst dann blieb die akademische Laufbahn im Allgemeinen nur eine Option für wenige: Schätzungen zufolge hatten trotz der jüngsten Expansion nur 20 % der Soziologen, die seit 1990 ihren Abschluss gemacht hatten, eine akademische Anstellung (Blanco und Wilkis 2018). In diesem Zusammenhang kam es zu einer „praktischen Wende" innerhalb der Disziplin, und viele Personen erkundeten, wenn auch nicht immer mit Begeisterung, andere berufliche Möglichkeiten außerhalb der akademischen Welt. Zu ihrer Überraschung boten sich zahlreiche Möglichkeiten, da sich verschiedene Institutionen der angewandten Forschung und anderen „sozialen" Aufgaben – oder in Buraways Worten (2005) der „politischen Soziologie" – gegenüber sehr aufgeschlossen zeigten. Trotz einiger Versuche von CPS, wie in Kap. 5 erwähnt, wurde jedoch keine ausschließliche Zuständigkeit für Soziologen geschaffen.

Zu den wichtigsten Personalbeschaffern gehörten verschiedene staatliche Behörden, die seit den 1990er-Jahren im Rahmen der damaligen neoliberalen Rationalisierungspolitik dazu angehalten wurden, mehr Hochschulabsolventen einzustellen. Nach Ansicht des IWF und der Weltbank war dies von entscheidender Bedeutung für die Verbesserung der bürokratischen Effizienz. Obwohl Soziologen in vielen Bereichen eingesetzt wurden, gab es einige Nischen, in denen ihre Grundkenntnisse über Methoden und quantitative Forschung entscheidend waren. Dies war zum Beispiel in der Sozialpolitik der Fall. Angesichts der negativen Folgen der Strukturanpassung beschloss die Weltbank zusammen mit der Interamerikanischen Entwicklungsbank (IDB), massiv in die Verbesserung der lokalen Armutsstatistiken zu investieren und Programme zur sozialen Entlastung zu fördern. Dies erforderte ein neues Fachwissen bei der Identifizierung der Armen und Bedürftigen, die Hilfe benötigten. Ihre Gelder waren auch ausschlaggebend für die Gründung staatlicher Agenturen und Denkfabriken, die vielen Soziologen attraktive Möglichkeiten boten, die (zusammen mit Ökonomen und Politikwissenschaftlern) zu Experten für Armut und „Sozialmanagement" wurden. Zu den Pionieren dieser Bemühungen gehörten Vertreter der marxistischen Soziologie und sogar der *cátedras nacionales*, die ihre radikalen Positionen der Vergangenheit aufgaben und die öffentliche Politik als profitables Untersuchungs- und Interventionsgebiet entdeckten (selbst im Kontext einer neoliberalen und konservativen Regierung, mit der sie nicht einverstanden waren). Der Wohlstand, der auch Mittel für ehrgeizige quantitative Forschungen auf nationaler Ebene sowie wesentlich höhere Gehälter als die der Professorenschaft umfasste, ermöglichte die Einladung internationaler Wissenschaftler (wie Robert Castel, Alejandro Portes und Julien Legrand) zu verschiedenen Seminaren (Vommaro 2011).

Beratungsunternehmen und einige multinationale Konzerne (wie Unilever, Coca Cola und McDonald's) waren ebenfalls wichtige Personalvermittler, vor allem im Bereich der Marktforschung (und in geringerem Maße im Personalwesen). Auch hier war methodisches Fachwissen wichtig, und frische Hochschulabsolventen wurden für die angewandte Forschung über Verbraucher eingestellt, eine Tätigkeit, die in den 1990er-Jahren boomte, als die Modernisierung der Wirtschaft und die Globalisierung größere Unternehmen dazu veranlasste, mehr Ressourcen für ein besseres Verständnis der lokalen Märkte einzusetzen. Da nicht nur quantitative, sondern auch qualitative Methoden (Interviews, Fokusgruppen und später ethnografische Beobachtung) benötigt wurden, kam es zu einer Vervielfachung der Beratungsagenturen (sowohl multinationale als auch nationale). Auch Meinungs- und Wählerbefragungen waren ein wichtiger Bereich für Soziologen, obwohl die Ressourcen geringer waren, da die Budgets der Politiker nicht so üppig waren wie die von Privatunternehmen. Einige von ihnen traten, wie in Kap. 5 beschrieben, regelmäßig in den Medien auf und arbeiteten als einflussreiche Mitarbeiter politischer Parteien (Vommaro 2008). Wie in der Sozialpolitik stand die Durchführung großer Umfragen ebenso wie das wirtschaftliche Einkommen (zumindest für diejenigen, die es schafften, die Karriereleiter hinaufzuklettern) im Gegensatz zur akademischen Sparsamkeit.

Schließlich waren die NROs, obwohl sie im Allgemeinen freie und Teilzeitstellen anboten, ein weiterer wichtiger Anwerber. Diese Einrichtungen vervielfachten sich auch im Zuge des Rückzugs des Staates, der viele Dienstleistungen an den (vermeintlich effizienteren) dritten Sektor auslagerte. Die Finanzierung aus dem Ausland war eine weitere wichtige Triebkraft in dieser Richtung, da der Markt der internationalen

Philanthropie expandierte. Die Ford Foundation zum Beispiel hat ihre Unterstützung für bestimmte akademische Projekte nicht aufgegeben, sondern einen Großteil ihrer Ressourcen auf angewandte Initiativen in Bereichen wie Menschenrechte, soziale Verbesserungen, verantwortliche Regierungsführung, Zugang zur Justiz und reproduktive Gesundheit umgeschichtet (Berger und Blugerman 2017). Um von der neuen Finanzierungssituation zu profitieren, wurden die NROs auch „professioneller" und führten als Reaktion auf die Forderungen ihrer Spender eine systematische Diagnose und Folgenabschätzung ihrer Maßnahmen durch, was den Weg für die Einstellung von Soziologen ebnete.

Angesichts dieser sich wandelnden Berufswelt blieben die Soziologie-Studiengänge im Allgemeinen gleichgültig. Dies gilt insbesondere für die UBA, wo ein hartnäckiges Desinteresse an den Berufserfahrungen der meisten Absolventen sowie eines Großteils des eigenen Lehrkörpers zu beobachten war, der den größten Teil seiner Zeit einer außeruniversitären Tätigkeit widmete. Da die Zahl der Vollzeitstellen begrenzt war, mussten viele Lehrkräfte ihren Lebensunterhalt mit Beratungstätigkeiten bestreiten, sprachen aber in ihren Vorlesungen kaum über ihre berufliche Tätigkeit. Und das nicht ohne Grund. Sie waren der Meinung, dass diese Erfahrungen die meisten Schüler nicht begeistern würden und bei den radikalsten sogar negative Reaktionen hervorrufen könnten. Besonders auffällig war die Situation in den Methodikkursen, wo es Professoren gab, die, obwohl sie ihren Lebensunterhalt mit Marktforschung verdienten, Forschungstechniken erläuterten, ohne deren potenzielle nichtakademische Verwendungsmöglichkeiten hervorzuheben. Obwohl der Tag nach dem Abschluss für die älteren Studenten eine Quelle der Besorgnis war, herrschte die traditionelle Verachtung für die angewandte Soziologie vor, da die Streitlust der Studenten, die sich zur Soziologie hingezogen fühlten, im Laufe der Jahre nicht nachließ.[4] Man war sich

---

[4] Um nur eines von vielen möglichen Beispielen zu nennen: Im Jahr 2002, als Argentinien eine seiner größten Krisen durchlebte und es zu ständigen Protesten kam, blieben die Soziologiestudenten nicht unbeeindruckt und besetzten fast zwei Monate lang das Gebäude des Rektors der UBA. Der Konflikt, der bis in die Medien gelangte, drehte sich um den Mechanismus, mit dem die Verantwortlichen des Studiengangs gewählt wurden. Mit der Forderung nach „Demokratisierung" versuchten die Studenten, das bestehende System der indirekten Wahlen und der Stimmengewichtung (das die Professorenschaft begünstigte) durch direkte Wahlen und das Prinzip „ein Student eine Stimme; ein Professor eine Stimme" zu ersetzen.

einig, dass die Disziplin ihre „intellektuelle Autonomie" verteidigen und jede „Instrumentalisierung" aufgrund von „Marktbedürfnissen" vermeiden sollte (Rubinich und Langieri 2007). Dies hatte zur Folge, dass die meisten beruflichen Möglichkeiten außer der Lehre oder der Forschung innerhalb der akademischen Welt vernachlässigt wurden. Kein Wunder, dass 1995 ein älterer Student die Zukunft der Hochschulabsolventen geschickt als eine Wahl zwischen dem „klösterlichen Priestertum", das die akademische Welt bietet, und der „Prostitution", die private Unternehmen und der „kapitalistische Staat" anbieten, darstellte (Yellati 1995). Infolgedessen erlebten viele der Absolventen, die schließlich außerhalb der akademischen Welt arbeiteten, eine „berufliche" oder „persönliche Krise", die sich aus der Distanz zwischen dem Ideal des Soziologen, dem sie ausgesetzt waren, und ihrem tatsächlichen beruflichen Schicksal ergab.

Zweifellos ist die Vernachlässigung der angewandten Bereiche der Disziplin kein exklusives Merkmal der argentinischen Soziologie. Bemerkenswert ist in diesem Fall jedoch, dass diese Vernachlässigung in einem Studiengang stattfand, in dem die offene Immatrikulation zu einem Strom von Absolventen führte, die vom akademischen Arbeitsmarkt kaum absorbiert werden konnten, und in einem Studiengang, in dem ein großer Teil des Lehrpersonals außerhalb der akademischen Welt arbeitete. Der soziale Hintergrund der Studierenden, die im Allgemeinen aus der Mittelschicht stammten (und daher nicht unbedingt wissen wollten, wie das Programm ihre beruflichen Chancen verbessern würde; Bonaldi 2009), und vor allem das Fehlen von Studienkosten und -gebühren waren wichtige Gründe dafür.[5] Der Einfluss einiger kleiner und marginaler marxistischer Parteien, die in Teilen der Studentenschaft der Fakultät für Sozialwissenschaften eines der wenigen ihnen wohlgesonnenen Auditorien vorfanden, war ein zusätzliches Element, das die Ablehnung eines stärker berufsorientierten Studiengangs unterstützte.[6]

---

[5] In Chile zum Beispiel, wo Bildung sehr teuer ist und Studenten hohe Kredite aufnehmen müssen, um ein Studium zu absolvieren, geben sich soziologische Studiengänge in der Regel große Mühe, die Berufsaussichten für mögliche Studenten zu erklären.

[6] Es sollte jedoch erwähnt werden, dass in den letzten Jahren einige Studiengänge, wie der an der Universität von Cuyo oder der an der Universität von San Martin, versuchen, mehr Aufmerksamkeit auf nicht-akademische Aufgaben zu richten.

Wie eine umfassende Studie über die Berufspraxis von Soziologen zeigte, dauerte es jedoch nicht lange, bis die Absolventen, die außerhalb der akademischen Welt arbeiteten, einen symbolischen Wert in ihrer Arbeit fanden (Blois 2012). Obwohl sie häufig nur begrenzte Zeit für ihre Forschungstätigkeit zur Verfügung hatten und ihre Themen und Ziele nicht immer bereichernd oder erbaulich waren, schätzten sie die von ihnen geleistete Arbeit und sahen sich selbst in der Lage, viele der (vermeintlich) schlechten Gewohnheiten zu vermeiden, die sie bei ihren akademischen Kollegen sahen. Einerseits machten sie auf ihre wachsende und schädliche Selbstbezogenheit aufmerksam, die dazu führte, dass diese Kollegen soziale Interventionen vernachlässigten und ihr Leben, wie ein für eine NRO tätiger Interviewpartner sagte, in einer „verschlossenen Welt mit nur einer Handvoll Kollegen" führten. Gegen diesen Trend und die „Elfenbeinturm-Attitüde" tendierten diese beratenden Soziologen dazu, die engen Beziehungen, die sie zu den relevanten Akteuren und „Entscheidungsträgern" unterhielten, und vor allem die „konkrete" Natur und die Auswirkungen ihrer Arbeit zu betonen. Ein Leiter der Marktforschungsabteilung einer bekannten Erfrischungsgetränkemarke äußerte sich diesbezüglich sehr deutlich: „Was die akademische Forschung angeht? Nein, das ist nichts für mich … Wenn ich Forschung betreibe, ohne einen Grund dafür zu haben […], habe ich das Gefühl, ‚Luft' zu produzieren […] Eine Freundin von mir, die ihre Promotion abgeschlossen hat, litt sogar unter einer ‚Abstraktionskrise'". Andererseits kritisierten diese Soziologen, wie auch die älteren Generationen innerhalb der Professorenschaft, die jüngste akademische Professionalisierung und das, was sie als akademischen Individualismus und Karrierismus ansahen, der das akademische Feld in „eine Fabrik von Publikationen" verwandelt hatte, die nur den Interessen derjenigen diente, die sich unter ihren Kollegen einen Namen machen wollten. Eine solche Ausrichtung, so betonte ein ehemaliger Marktforscher, zeige sich auch in der Wahl der Themen, die keinerlei gesellschaftliche Relevanz hätten:

> In vielen Fällen scheint es an politischem Engagement für die Forschung zu mangeln […] Aus meiner Sicht geht die Relevanz gegen Null, fast gegen Null, wenn sie Themen wie die elektronische Musik der 1980er-Jahre und ihre Beziehung zum Rap-Tanz im folgenden Jahrzehnt untersuchen. Sol-

che Dinge [...] Für mich hat die Forschung einen Grund, nicht um eine gute Arbeit zu veröffentlichen ... Irgendwann muss ich etwas tun, etwas, das Auswirkungen auf meine unmittelbare Realität hat.

Ein Kollege, der in einem statistischen Landesamt arbeitete, war nicht weniger kritisch:

> Es gibt private Forschungsinstitute, die sich seit Jahrzehnten mit dem Thema Teenagerschwangerschaft befassen. Aber was haben sie wirklich für die Teenagerschwangerschaft getan? Nichts weiter, als zu ihrer eigenen Welt zu sprechen, in ihrem eigenen Bereich, ohne irgendeine Wirkung zu erzielen! [...] Wenn Sie irgendeine Vorstellung von einer praktischen Anwendung haben [...], gelten Sie als naiv: Verschwenden Sie keine Zeit, konzentrieren Sie sich auf Ihre Doktorarbeit.

In diesem Zusammenhang wurden die verschiedenen Arten von Interventionen, die die angewandte Soziologie zulässt, trotz ihrer Ausrichtung auf die Bedürfnisse der Klienten und der Grenzen der „intellektuellen Autonomie" als wertvolle Beiträge zur Gesellschaft gerechtfertigt. Diese gegen die akademische Praxis gerichtete Rechtfertigung versöhnte die Praktiker nicht nur mit ihrem beruflichen Schicksal, sondern brachte sie auch in eine Bewegung ein, die versuchte, die von der Professorenschaft aufrechterhaltenen dominanten Hierarchien des soziologischen Feldes zu unterlaufen. Interessant ist jedoch, dass sie die zentralen Werte und Bilder, die mit der Disziplin verbunden sind und die während der universitären Sozialisation vermittelt wurden (wie die Verteidigung einer kritischen Haltung und das Bemühen um soziale Reformen), keineswegs vernachlässigten, sondern sie sich aneigneten und umgestalteten, um ihre Arbeit und ihren Status als „legitime Soziologen" zu verteidigen. Da jedoch die Studiengänge den Austausch nicht förderten und das CPS schwach und den meisten Praktikern unbekannt blieb, gab es keinen institutionellen Rahmen, der den Dialog zwischen den im akademischen Bereich Tätigen und denen außerhalb fördern konnte. Stattdessen gab es einen Trend zur Abschottung, und die von Burawoy (2005) verteidigte Interdependenz, die die Disziplin als Ganzes hätte stärken können, wurde verringert.

Literatur

Baranger, Denis. 2020. Los caminos de Bourdieu en Argentina. *Repocs* 17(34): 271–298.

Beigel, Fernanda, und Fabiana Bekerman. 2019. ¿Qué Significa Categorizar? In *Culturas Evaluativas Impactos y Dilemas Del Programa de Incentivos a Docentes-Investigadores En Argentina (1993–2018)*, Hrsg. Fernanda Beigel und Fabiana Bekerman, 17–40. Buenos Aires: CLACSO.

Beigel, Fernanda, und Maximiliano Salatino. 2015. Circuitos segmentados de consagración académica: las revistas de ciencias sociales y humanas en la Argentina. *Información, Cultura y Sociedad* 32:7–31. https://doi.org/10.34096/ics.i32.1342.

Beigel, Fernanda, und Gustavo Sorá. 2019. Arduous institutionalization in Argentina's SSH: Expansion, asymmetries and segmented circuits of recognition. In *Shaping human science disciplines. Institutional developments in Europe and beyond*, Hrsg. Christian Fleck, Matthias Dullera und Victor Karády, 327–360. Basingstoke: Palgrave Macmillan.

Beigel, Fernanda, Fabiana Bekerman, und Osvaldo Gallardo. 2018. Institutional expansion and scientific development in the periphery: The structural heterogeneity of Argentina's academic field. *Minerva* 56(3): 305–331.

Benzecry, Claudio, und Mariana Heredia. 2017. Sociology in Argentina. *Contemporary sociology* 46(1): 10–17.

Berger, Gabriel, und Leopoldo Blugerman. 2017. *La Fundación Ford en la Argentina. Cinco décadas de inversión social privada al servicio del desarrollo y de la protección y ampliación de los derechos humanos.* Victoria: UDESA.

Bio, Demian. 2018. Macri hopes Argentina 'will have a crush' on Christine Lagarde after IMF deal. *TheBubble*, September 25.

Blanco, Alejandro, und Ariel Wilkis. 2018. The internationalization of sociology in Argentina 1985–2015: Geographies and trends. In *The social and human sciences in global power relations*, Hrsg. Johan Heilbron, Gustavo Sorá und Thibaud Boncourt, 215–241. Basingstoke: Palgrave Macmillan.

Blois, Juan Pedro. 2012. Obligados a elegir „entre el sacerdocio y la prostitución". Socialización universitaria y prácticas profesionales de los sociólogos de la UBA. Doctoral Dissertation, Faculty of Social Science, University of Buenos Aires.

Bonaldi, Pablo. 2009. *Aprendiendo sociología. La impronta de la Carrera en la experiencia de los estudiantes.* Buenos Aires: La gomera.

Burawoy, Michael. 2005. For public sociology. *American Sociological Review* 70(1): 4–28. https://doi.org/10.1177/000312240507000102.
Caletti, Sergio. 2003. La punta y el ovillo. *Sociedad* 22:272–276.
Calvo, Ernesto, Sofía Elverdín, Gabriel Kessler, und M. Victoria Murillo. 2020. Investigando las influencias internacionales en las ciencias sociales argentinas. *Revista Latinoamericana de Metodología de Las Ciencias Sociales* 9(2). https://doi.org/10.24215/18537863e055.
Hanafi, Sari. 2011. University systems in the arab East: Publish globally and perish locally vs publish locally and perish globally. *Current Sociology* 59(3): 291–309.
IIGG. 2020. El Instituto en números. http://iigg.sociales.uba.ar/estadisticas-2/ Zugegriffen am July 2020.
Jolly, Richard. 1991. Adjustment with a human face: A UNICEF record and perspective on the 1980s. *World Development* 19(12): 1807–1821.
Levitsky, Steven, und Kenneth Roberts. 2011. *The resurgence of the Latin American left*. Baltimore: The Johns Hopkins University Press.
Lorca, Javier. 2007. O corrés detrás de los subsidios o te hacés preguntas críticas. *Página12*, March 27.
McGann, James. 2020. 2019 global go to think tank index report.
Merklen, Denis. 2005. *Pobres ciudadanos. Las clases populares en la era democrática (1983–2003)*. Buenos Aires: Gorla.
Piovani, Juan Ignacio. 2017. Argentina under Scrutiny. *Global Dialogue* 7 (4). https://globaldialogue.isa-sociology.org/argentina-under-scrutiny/.
———. 2018. Estilos de producción en el campo de las ciencias sociales en Argentina. *Cuadernos de Información y Comunicación* 23:125–141.
Portantiero, Juan Carlos. 2005. Lic. Portantiero. In *Crisis de las ciencias sociales de la Argentina en crisis*, 17–26. Prometeo: Buenos Aires.
Rubinich, Lucas, und Gastón Beltrán, Hrsg. 2010. *Qué hacen los sociólogos?* Buenos Aires: Aurelia.
Rubinich, Lucas, und Marcelo Langieri. 2007. Prólogo. La Sociología ahora. In *La Sociología ahora*, 9–50. Buenos Aires: Siglo XXI.
SCEU. 2020. *Sistema de Consulta de Estadísticas Universitarias*. Secretaría de Políticas Universitarias. http://estadisticasuniversitarias.me.gov.ar/#/seccion/1 Zugegriffen am July 2020.
Slipczuk, Martín. 2020. Conicet: los salarios de los investigadores son los más bajos en más de 15 años. *Chequeado*, August 21.
Sorá, Gustavo, und Alejandro Dujovne. 2018. Translating western social and human sciences in Argentina: A comparative study of translations from French, English, German, Italian and Portuguese. In *The social and human*

sciences in global power relations, Hrsg. Johan Heilbron, Gustavo Sorá und Thiboud Boncourt, 267–293. Basingstoke: Palgrave Macmillan.

Svampa, Maristella, Hrsg. 2000. *Desde abajo. La transformación de las identidades sociales*. Buenos Aires: Biblos-UNGS.

———. 2008. *Cambio de Época. Movimientos sociales y poder político*. Buenos Aires: Siglo XXI.

Vommaro, Gabriel. 2008. *„Lo que quiere la gente". Los sondeos de opinión y el espacio de la comunicación política en Argentina (1983–1999)*. Buenos Aires: Prometeo-UNGS.

———. 2011. La pobreza y los pobres como dominio experto: Contribuciones a una socio-historia. In *Saber Lo Que Se Hace. Expertos y Política En Argentina*, Hrsg. Sergio Morresi und Gabriel Vommaro, 79–134. Buenos Aires: Prometeo-UNGS.

Yellati, Carolina. 1995. La sociología: entre el sacerdocio y la prostitución. *El Ojo Furioso*, 1.

7

Abschließende Bemerkungen: Das Gespenst des Sisyphos

Zusammenfassung Diese abschließenden Bemerkungen reflektieren die langfristigen Trends, die die Soziologie in Argentinien im Lichte der gegenwärtigen Situation beeinflussen. Erstens werden die Beziehungen untersucht, die Soziologen zu Aktivismus, Politik und Staat unterhielten, sowie die Dynamik der Institutionalisierung/De-Institutionalisierung, die darauf folgte. Zweitens geht es um die Wechselwirkungen, die Soziologen mit lokalen und ausländischen intellektuellen Traditionen herstellten, und um die Dilemmata und Einschränkungen, die eine Soziologie von der Peripherie aus mit sich brachte. Drittens geht es um die Kontroversen um die angewandte Soziologie und die (anhaltenden) Probleme, die die Arbeit für einen Auftraggeber bei Soziologen und Studenten hervorrief. Schließlich wird die ungewisse Zukunft, in der die wirtschaftlichen Krisen, die politische Polarisierung und die zunehmende Post-Wahrheits-Atmosphäre zu wachsenden Schwierigkeiten führen, gegen die sisyphoshafte Vergangenheit der Disziplin abgewogen.

Politisierung, Institutionalisierung, De-Institutionalisierung

Die Soziologie in Argentinien war nicht vor der anhaltenden, zyklischen und zuweilen erstaunlichen politischen und wirtschaftlichen Instabilität des Landes geschützt. Aus diesem Grund wurden in diesem Buch politische Wendungen (und Ausweichmanöver) als ein entscheidender Kontext hervorgehoben, mit dem die meisten Kapitel beginnen. Von Mitte der 1950er- bis Mitte der 1980er-Jahre war diese Dynamik so stark, dass die verschiedenen Fraktionen innerhalb der Disziplin, ob sie wollten oder nicht, einen deutlichen politischen Beigeschmack bekamen. Während Germani und seine Mitarbeiter ihre „Objektivität" und „Wertneutralität" betonten, war ihr Aufstieg in Wirklichkeit untrennbar mit dem Putsch von 1955 gegen Perón und der darauf folgenden „demokratischen" ideologischen Säuberung innerhalb der UBA und anderer Institutionen verbunden. Auch wenn die intellektuellen Differenzen mit den *sociólogos de cátedra* sehr groß waren, war ihre Identifikation mit der ehemaligen Regierung entscheidend für ihre Verdrängung. Dies verlieh der „wissenschaftlichen Soziologie" eine unverkennbar antiperonistische Resonanz.

Doch die Politik war nicht nur ein einfacher „Eindringling", der von „außen" kam, um die „innere" Logik eines – ansonsten autonomen – „Feldes" zu beeinflussen. Neue Fraktionen innerhalb der Disziplin, die sich auf den internationalen Aufstieg der kritischen Soziologie in den 1960er-Jahren einstellten, machten sich die Interessenvertretung zu eigen und lehnten jede selbsternannte „Objektivität" als inhärent konservativ ab. Wie im übrigen intellektuellen Bereich wurden auch unter den Soziologen politische Trennlinien zu einem wichtigen Klassifizierungskriterium. Darüber hinaus wurden die Studenten mit dem sprunghaften Anstieg der Immatrikulationen zu einem einflussreichen und aktiven Publikum an den Universitäten. Sie trugen entscheidend dazu bei, dass die „wissenschaftliche Soziologie" in den Hintergrund gedrängt und in private Forschungsinstitute verlagert wurde – ein Prozess, der schon lange vor dem Staatsstreich von 1966 begann. Die Studenten waren auch die Hauptakteure der zunehmenden Welle des Aktivismus und der direkten Ideologisierung, die die „marxistischen Soziologen" und in besonders ex-

7 Abschließende Bemerkungen: Das Gespenst des Sisyphos

tremer Form die *cátedras nacionales* kennzeichneten. In diesem Kontext der studentischen Dominanz wurde die Soziologie parteiisch, und die Debatten zwischen ihren verschiedenen Fraktionen, wenn sie denn stattfanden, waren bitter. Die Studenten verschafften den radikalen Gruppierungen ein breites Publikum innerhalb der Universitäten, das bis in die benachbarten Kreise der intellektuellen Aktivisten reichte. Doch die ausdrückliche Vernachlässigung der Begriffe „Wissenschaft" und „Beruf" als schützende Grenzen zur direkten Politik blieb nicht ohne Folgen. Als die militärischen und zivilen Eliten Mitte der 1970er-Jahre begannen, die Ordnung brutal wiederherzustellen, war die Soziologie, die sie mit „Subversion" identifizierten, eines der Hauptziele innerhalb der akademischen Einrichtungen. Ohne die privaten Forschungsinstitute, in denen eine „Enklave" und eine unauffällige Soziologie gepflegt wurde, wäre von der in den 1950er-Jahren begonnenen Erneuerung der Disziplin wenig übrig geblieben. Die Disziplin wurde stark de-institutionalisiert, da viele Studiengänge geschlossen wurden und viele Soziologen, neben anderen Sozialwissenschaftlern und Intellektuellen, heftig verfolgt wurden.

Die endgültige Wiederherstellung der Demokratie im Jahr 1983 ebnete den Weg für eine noch nie dagewesene kumulative Entwicklung der akademischen Einrichtungen. Im Gegensatz zu früher folgten auf die Regierungswechsel keine Veränderungen innerhalb der Professorenschaft. Die akademische Professionalisierung machte vor allem in den 1990er-Jahren beispiellose Fortschritte, als sich die Zahl der Studiengänge vervielfachte. Parallel wurde die Zahl der akademischen Vollzeitstellen, die traditionell gering war, erheblich ausgeweitet. Gleichzeitig wurde das Fach jedoch in hohem Maße von den staatlichen Budgets abhängig, aus denen seine wichtigsten institutionellen Grundlagen – die öffentlichen Universitäten und das CONICET – gespeist wurden, was zur Folge hatte, dass die Möglichkeiten der Soziologen, akademisch zu forschen und zu lehren, von lokalen und stark schwankenden staatlichen Geldern abhingen. Es war nicht ungewöhnlich, dass vermeintliche „Vollzeit"-Professoren ihr Einkommen mit anderen Jobs aufbesserten, und die Finanzierung der Forschung blieb knapp und förderte eine qualitative Ausrichtung. Dennoch waren deutliche Fortschritte zu verzeichnen, und die Soziologie wurde schließlich zu einer vollwertigen akademischen Disziplin, die über wesentlich mehr Autonomie und Spezialisierung verfügte. Auch wenn, wie einige kritische Beobachter anmerkten, die Selbstreferenzialität dadurch gestärkt wurde, zogen sich die Soziologen nicht einfach in ihre akademischen Fächer zurück. Ganz im Gegenteil. Obwohl ihr Erfolg uneinheitlich war, versuchten viele von ihnen, die Ergebnisse ihrer Forschung mit einem nicht spezialisierten Publikum und der Presse zu teilen. Ihr öffentliches Auftreten war jedoch nicht mehr das eines „Generalisten" und direkt politisierten öffentlichen Intellektuellen oder Aktivisten wie in der Vergangenheit, sondern basierte auf einem eher „spezifischen" Fachwissen. Wie anderswo auch, wurden Soziologen ohne die Unterstützung früherer großer Narrative wie „Modernisierungstheorie", „Marxismus" oder „nationale Befreiung" weniger selbstbewusst und großspurig (und vielleicht auch weniger attraktiv für die Öffentlichkeit).

In jüngerer Zeit erinnerte die Wahl einer neoliberalen Regierung im Jahr 2015, die die Mittel für öffentliche akademische Einrichtungen kürzte und die Gehälter stark reduzierte, Soziologen wie auch den Rest der wissenschaftlichen Gemeinschaft an die Fragilität ihrer Institutionen und, was noch beunruhigender ist, an ihre Abhängigkeit von den (wechselnden) Wahlpräferenzen ihrer Mitbürger. Das Bild des „Sisyphos des Südens", das vor dreißig Jahren für die problematische Institutionalisierung der argentinischen Sozialwissenschaft angeführt wurde (Vessuri 1990), lag wieder einmal in der Luft. Die Kürzungen wurden von intensiven Kampagnen in der Presse und den sozialen Medien gegen die Sozial- und Geisteswissenschaften und ihre angebliche „Nutzlosigkeit" begleitet. Viele Soziologen und andere Wissenschaftler reagierten darauf mit aktiven Protesten gegen die Regierung. Ob sie wollten oder nicht, Soziologen waren gezwungen, Partei zu ergreifen, da sich die politische Polarisierung verstärkte – zwischen den Kräften, die eine staatsorientierte Politik verteidigten, und den Kräften, die eine neoliberale Agenda vorantrieben, die, wenn sie erfolgreich wäre, die akademische Ressourcenbasis der Disziplin untergraben würde (mehr dazu weiter unten).

Soziologie von der Peripherie aus betreiben: Der Platz der lokalen intellektuellen Traditionen

Obwohl die argentinische Soziologie als zentrale Referenz für lateinamerikanische Wissenschaftler anerkannt ist, war (und ist) sie in globaler Hinsicht peripher. Die einheimischen Soziologen standen in einem ständigen Spannungsverhältnis zwischen der Förderung einer größeren Offenheit gegenüber der Produktion der fortschrittlichsten Zentren – namentlich Europa (insbesondere Frankreich) und den Vereinigten Staaten – und der Förderung eines eher „nationalen" oder lateinamerikanischen, „autonomen" Ansatzes. Natürlich gab es solche Spannungen nicht nur in der Soziologie, sondern in allen intellektuellen Bereichen des Landes. Wie Benzecry und Heredia (2017) kürzlich in Erinnerung brachten, machte Jorge Luis Borges, der berühmteste argentinische Schriftsteller, darauf aufmerksam, dass die einheimische Literatur angesichts der gleichen Entfernung Argentiniens zu den verschiedenen Metropolen die Möglichkeit hatte, verschiedene westliche Traditionen miteinander zu verbinden, ohne sich für die eine oder andere entscheiden zu müssen. Ausgehend von dieser Erkenntnis stellten diese Soziologen die geopolitische Lage Argentiniens positiv dar. Ihrer Ansicht nach hat diese Position die intellektuelle Kreativität, ja sogar die „theoretische Innovation aus der Peripherie" gefördert, da sie die Verschmelzung einer Reihe ausländischer Autoren und Ideen ermöglichte, die in ihrem ursprünglichen Produktionskontext normalerweise nicht zusammengehörten. Die Vermischung war reichlich (und gewissermaßen ketzerisch): Latour mit Bourdieu, Garfinkel mit Leffort, Callon mit Laclau, und so weiter. „Diese Mischung führt zu einer originellen theoretischen Synthese und verhindert, dass die Untersuchung Argentiniens zu einem bloßen Fall für die Anwendung eines importierten analytischen Protokolls wird" (Benzecry und Heredia 2017, S. 14). Diese Denkweise ist insofern aufschlussreich, als sie davon ausgeht, dass die meisten argentinischen Soziologen auf der Suche nach theoretischer und methodologischer Inspiration ins Ausland und insbesondere in den sogenannten globalen Norden blickten, während sie gleichzeitig die lokalen intellektuellen Traditionen ignorierten.

Natürlich ist dies kein argentinisches Alleinstellungsmerkmal, wie die Forschung zur akademischen und intellektuellen Abhängigkeit in verschiedenen Ländern reichlich gezeigt hat. Aber wie die Diskussion des Kontrasts zur brasilianischen Soziologie in den Kap. 2 und 3 zu vermitteln versuchte, waren die brasilianischen Soziologen, obwohl sie eine ähnliche Randposition einnahmen, viel eher bereit, sich von den nationalen intellektuellen Traditionen inspirieren zu lassen, insbesondere von den lokalen Essayisten. Und das ist bis heute so geblieben: In den Studiengängen wird den Essayisten und früheren Generationen von Soziologen (allen voran Gilberto Freyre und Florestan Fernandes) große Aufmerksamkeit gewidmet, und das so genannte brasilianische soziale Denken ist ein fest etablierter Forschungsbereich, der unter Soziologen immer mehr Beachtung findet. In einigen Fällen haben Wissenschaftler das Studium dieses Korpus als Quelle für neue Ideen entdeckt, mit denen sie die Theorien aus dem globalen Norden in Frage stellen und umgestalten können. Im Gegensatz dazu ist es in Argentinien nicht unwahrscheinlich, dass Studenten ihr Studium abschließen, ohne solch herausragende intellektuelle Persönlichkeiten der argentinischen Vergangenheit wie Sarmiento oder sogar Germani gelesen zu haben.[1] Während in Brasilien Soziologen zu den eifrigsten Forschern auf dem Gebiet der Erforschung lokaler intellektueller Traditionen gehören, wird dieser Bereich in Argentinien hauptsächlich von Historikern bearbeitet (Botelho 2015).

Wie in Kap. 2 dargelegt, führte die Einführung der „wissenschaftlichen Soziologie" in den 1950er-Jahren zu einer radikalen Erneuerung der Disziplin, indem sie sich an den Kanon des internationalen Mainstreams anlehnte. Zu den wichtigsten Neuerungen gehörten die Betonung der empirischen Forschung und die Wertneutralität. Gleichzeitig verachteten Germani und seine Mitarbeiter die lokalen intellektuellen Traditionen, und zwar auf recht kämpferische Weise. Die *sociólogos de cátedra* wurden als altmodisch und politisch voreingenommen abgetan,

---

[1] Es entbehrt nicht einer gewissen Ironie, dass Benzecry und Heredia ihren Beitrag über die neuere argentinische soziologische Literatur mit einem Verweis auf zwei im *American Journal of Sociology* von Andrew Abbott unter dem Pseudonym „Barbara Celarent" veröffentlichte Übersichtsartikel beginnen, in denen er Sarmiento und Germani diskutiert und enthusiastisch feiert (Celarent 2011, 2013).

vor allem aber wurden die lokalen Essayisten als kurzsichtig und impressionistisch dargestellt. In den Augen der „Wissenschaftler" hatten diejenigen, die zu diesem Zeitpunkt die einflussreichsten Analytiker der argentinischen Vergangenheit und Gegenwart waren, der „neuen Wissenschaft" also nicht viel zu bieten. Ganz im Gegenteil. Diese „wissenschaftlichen" Soziologen waren davon überzeugt, dass das Wissen über die nationale soziale Realität nicht aus einem Dialog mit früheren lokalen Ideen, sondern aus einem beschleunigten Import der „fortschrittlichsten" Ansätze der internationalen – ihrer Meinung nach US-amerikanischen – Mainstream-Wissenschaft stammen würde.

Diese Positionierung blieb nicht unwidersprochen, und eine neue Generation von Soziologen, deren deutlichste und kämpferischste Verkörperung die *cátedras nacionales* waren, prangerten „intellektuelle Abhängigkeit" und „kulturellen Imperialismus" an und behaupteten, dass die argentinische Gesellschaft eine „eigene" Soziologie benötige, die „in" und „für" das Studium der lokalen Realität entwickelt werde. Um dieses Vorhaben zu verwirklichen, wurden die essayistische Tradition und ihr politisch engagierter Stil als Hauptquellen ausgemacht (zusammen mit direkten politischen Werken von weltweit bekannten Politikern und Revolutionären). Diese Tradition wurde nicht mit dem Gedanken gefördert, ihre Erkenntnisse in die neuesten Entwicklungen der internationalen Mainstream-Soziologie zu integrieren. Im Gegenteil, die Befürworter einer „nationalen Soziologie" lehnten „Wissenschaft" und empirische Forschung ab, die sie mit Konservatismus und einem schädlichen „Szientismus" gleichsetzten. Die Kluft zwischen diesen Fraktionen war nicht ohne materielle Gründe, und es gab auf beiden Seiten klare Zwänge. Germani und seine Anhänger wurden von US-amerikanischen Stiftungen finanziert, die die „Modernisierung" der lokalen Wissenschaft (d. h. den Import von Ideen aus dem Ausland) förderten. Die *cátedras nacionales*, die dieser Netzwerke beraubt waren, sahen die wachsende Zahl politisierter Studenten als ihr Hauptpublikum an. Und doch gab es trotz ihrer Unterschiede eine entscheidende stillschweigende Übereinkunft: Beide, „Kosmopoliten" und „Nationalisten", neigten dazu, die empirisch fundierte und international vernetzte Soziologie als ein Wissensgebiet zu betrachten, das sich von der essayistischen und „nationalen Soziologie" unterschied und ihr entgegengesetzt war. Die *cátedras nacionales* stellten die von Germani und seinen Mitarbeitern gezogene Trennlinie nicht in Frage, sondern machten sie sich zu eigen und verstärkten sie, während sie ihre jeweiligen Werte umkehrten.

Diese Opposition erwies sich als dauerhaft und blieb als ein dauerhaftes Prinzip der Vision und Spaltung unter argentinischen Soziologen. Wie bereits in den Kap. 5 und 6 erwähnt wurde, folgte auf den Prozess der akademischen Professionalisierung, der in den 1990er-Jahren begann, eine bittere Reaktion. Einige derjenigen, die sich der neuen Welle nicht anschließen konnten (oder wollten), rechtfertigten den Essayismus und das Studium lokaler intellektueller Traditionen als einen alternativen und reicheren intellektuellen Weg als die professionelle und internationalisierte Soziologie. Wie ihre Vorfahren vernachlässigten sie die empirische systematische Forschung, stellten die Wertneutralität in Frage und verteidigten die Produktion von Essays als „freier" und kritischer als das, was sie als „unterdrückende Publikation" bezeichneten (Torres und Gonnet 2018). Korrespondierend und teilweise als Reaktion darauf tendierten diejenigen, die die neuen professionellen Standards förderten, dazu, lokale intellektuelle Traditionen zu ignorieren und mehr auf den Import (und die lokale empirische Anpassung) der wichtigsten theoretischen Ideen zu vertrauen, die sie in ihren Studien mobilisierten. Es ist eine offene Frage, ob eine Wissenschaft über akademische Abhängigkeit, wie sie sich in jüngster Zeit in Argentinien und anderswo entwickelt hat (Beigel 2013), zu einer größeren Wertschätzung der lokalen Wissenschaft und einer autonomeren und mutigeren einheimischen (und gleichzeitig international vernetzten) theoretischen Agenda führen wird. Vielleicht lohnt es sich, daran zu erinnern, dass Borges zwar der kosmopolitischste und polyglotteste argentinische Schriftsteller der Geschichte war (er verbrachte lange Zeiträume in Europa und glänzte in Englisch, Französisch und konnte Deutsch lesen – und übersetzen), aber er war auch ein sorgfältiger Student der nationalen Literatur und unternahm bedeutende Streifzüge zu Themen wie der „Sprache der Argentinier", dem Tango und dem *Gaucho*.

7 Abschließende Bemerkungen: Das Gespenst des Sisyphos

Anhaltende Spannungen um die Soziologie als Beratungsberuf

Im Jahr 2012 organisierte eine Gruppe von akademischen Soziologen eine Konferenz, auf der Kollegen aus dem akademischen und außerakademischen Bereich zusammenkamen, um den Dialog und die gegenseitige Kenntnis zu fördern. Einer der Gäste war ein recht bekannter Meinungsforscher, ein Mitarbeiter einer sehr wichtigen lokalen Beratungsagentur, ein einflussreicher politischer Berater und regelmäßiger Kolumnist in einer der wichtigsten nationalen Zeitungen. Dieser Soziologe war auch mehr als fünfundzwanzig Jahre lang Dozent im UBA-Programm, von dem er kürzlich in den Ruhestand gegangen ist. Als ihn jemand aus dem Publikum fragte, wie er die Beziehung zwischen seinen verschiedenen beruflichen Tätigkeiten – Beratung und Lehre – darstellen würde, war er ziemlich direkt. Er behauptete in metaphorischer Sprache, dass diese Aufgaben durch „Gelenke, die an Arthritis leiden", schlecht artikuliert geblieben seien. Die Antwort war für ein Publikum, das wusste, dass seine gesamte Lehrtätigkeit aus Vorlesungen über Weber bestand und nie systematisch auf seine andere berufliche Praxis einging, nicht überraschend. Zweifelsohne ist diese Geschichte besonders aufschlussreich für das schwierige Verhältnis zwischen Soziologen und dem nicht-akademischen Arbeitsmarkt, das in Argentinien herrschte und das dieses Buch zu erhellen versucht.

Wie in Kap. 2 dargelegt, wurde die Einführung der ersten Studiengänge von der Vorstellung getragen, dass künftige Soziologen nicht nur im akademischen Bereich, sondern auch als beratende Fachleute im Dienste eines breiten Spektrums potenzieller Klienten arbeiten könnten. Die Begeisterung für die „angewandte Soziologie" war so groß, dass einige wichtige Soziologen sogar behaupteten, dass gerade diese Verbindung mit einer erweiterten Klientel echte Kuhn'sche „wissenschaftliche Revolutionen" hervorbringen könnte, wie es in der Vergangenheit bei der Psychoanalyse, dem Keynesianismus und dem Marxismus der Fall gewesen war. Doch trotz ihres Optimismus scheiterten die Versuche, die angewandte Soziologie zu fördern, am Mangel an (guten und attraktiven) Arbeitsplätzen. Obwohl einige staatliche Behörden Soziologen einstellten, erwiesen sich die Schwierigkeiten als hartnäckig, und in den 1960er- und 1970er-Jahren wurde ein Soziologiestudium zunehmend als Pass für einen fachfremden Job angesehen. Während dies für diejenigen, die von „wissenschaftlichen Revolutionen" träumten, eine ziemliche Enttäuschung darstellte, war es für die Befürworter der Politisierung keine schlechte Nachricht, denn für sie bedeutete die angewandte Soziologie eine unausweichliche Instrumentalisierung der Disziplin zugunsten der Eliten und des kapitalistischen Staates. In diesem Zusammenhang war ein schwieriger Arbeitsmarkt, der keineswegs Besorgnis und Pessimismus hervorrief, für sie ein idealer Nährboden für die Revolte.

Diese Ansichten waren nicht abwegig: Während sich die Studenten immer mehr politisierten, wurde eine weit verbreitete Verachtung der angewandten Soziologie zu einem Gemeinplatz im soziologischen Bereich. Obwohl es einige Versuche gab, diese Ansicht in Frage zu stellen, und 1975 ein Berufsverband gegründet wurde, erwies sich das Misstrauen gegenüber der angewandten Soziologie als beständig. Und das blieb auch so, als sich die Möglichkeiten ab den 1990er-Jahren vervielfachten. Als die jungen Absolventen in verschiedenen Einrichtungen des Staates, der Wirtschaft und des dritten Sektors eingestellt wurden, verhinderte der Aktivismus der Studenten, in der sich der der Vergangenheit widerspiegelte, eine Neuorientierung der Studiengänge oder eine Neubewertung der Beratertätigkeit. Besonders auffällig war dies an der UBA, wo die meisten Lehrkräfte, wie der oben erwähnte Meinungsforscher sagte, zwar teilzeitbeschäftigt waren, die starke Tradition der Vernachlässigung der nichtakademischen soziologischen Arbeit aber unangefochten blieb. Während einige dies als Verteidigung der „intellektuellen Autonomie" und als Schutz vor einer nachteiligen Instrumentalisierung der Disziplin zugunsten flüchtiger Arbeitsmarktbedürfnisse gefeiert haben, war der Preis dafür hoch. Es entfremdete das Programm von der reichen Erfahrung der meisten seiner Absolventen und Mitarbeiter außerhalb der akademischen Welt.

In seinem berühmten Aufruf zur „öffentlichen Soziologie" in seiner Präsidentschaftsrede bei der American Sociological Association (ASA) im Jahr 2004 verteidigte Burawoy die intensive Interdependenz zwischen den verschiedenen soziologischen Aktivitäten als eine Quelle größerer „Energie, Bedeutung und Fantasie". Ein weiterer Austausch, so betonte er, könne verhindern, dass sich schädliche „Pathologien" auf die verschiedenen Aktivitäten auswirkten, Pathologien, die durch die spezifischen institutionellen Zwänge verursacht würden, denen diese Aktivitäten ausgesetzt seien: „Selbstreferenzialität" im Fall der akademischen Forschung und „Servilität" im Fall der angewandten (oder politischen) Soziologie (Burawoy 2005). Es ist jedoch eine offene Frage, ob die Versuche, die traditionelle Vernachlässigung der angewandten Soziologie zu überwinden, die an einigen argentinischen Universitäten unternommen werden, die „Synergie" verbessern und gegenseitigen Nutzen bringen werden, ohne die intellektuelle Autonomie zu gefährden. Sicher scheint zu sein, dass in einem Kontext, in dem die meisten Absolventen nicht die akademische Karriereleiter erklimmen, mehr Überlegungen zu diesem Thema angebracht sind. Sicher ist auch, dass die Wahl zwischen „Mönchspriestertum" und „Prostitution", wie in Kap. 6 erwähnt, alles andere als ein verlockendes Dilemma ist.

Sisyphos Reloaded?

Ende 2019 trat ein neuer peronistischer Präsident sein Amt an. Erneut wurde eine neue Regierung ernannt, und zwar vor dem Hintergrund einer schweren Wirtschaftskrise, die das Land an den Rand einer großen Notlage zu bringen schien. Erneut schlug der neue Präsident eine 180-Grad-Wende vor. Diesmal wurde jedoch eine großzügige, wissenschaftsfreundliche Politik versprochen, die es ermöglichen sollte, die von der vorherigen neoliberalen Regierung verursachten Schäden zu beheben. Alberto Fernández, der neue Präsident, ging sogar so weit, in seiner ersten Rede vor dem Kongress zu behaupten, dass seine Regierung eine „Regierung der Wissenschaftler" sein würde und nicht eine der CEOs, wie es die seines Vorgängers gewesen war. In der Tat wurden viele Sozialwissenschaftler in hochrangige Positionen berufen, am sichtbarsten im Sicherheitsministerium, an dessen Spitze eine renommierte Anthropologin stand. Außerdem verteidigte Fernández nachdrücklich die öffentlichen Universitäten als entscheidende Akteure für die Entwicklung und die Verbesserung der sozialen Lage.

Es überrascht nicht, dass sich in der akademischen Gemeinschaft ein neuer Optimismus ausbreitete, und man erwartete eine schnelle und allgemeine Erholung der Finanzierung. Nachdem die Doktorandenstipendien deutlich angehoben worden waren, änderten sich jedoch mit dem Auftreten der COVID-19-Pandemie die Prioritäten, und in der Folge sanken die Gehälter weiter und näherten sich der Armutsgrenze.

Es erübrigt sich zu sagen, dass die Zukunft in Argentinien ziemlich ungewiss scheint. Die Wirtschaft bricht die Rekorde früherer Rückgänge (auch wenn diese schwer zu brechen sind). Wie auch anderswo schüren die Kontroversen um die Abriegelung und eine zunehmende Post-Wahrheit-Stimmung die politische Polarisierung. In diesem Zusammenhang erscheint die öffentliche Ausrichtung der wissenschaftlichen Gemeinschaft und der akademischen Soziologen auf eine der beiden Seiten – diejenige, die eine staatlich orientierte Politik verteidigt – wie ein Akt der Selbstverteidigung, da die lokale Wissenschaft größtenteils von staatlicher Finanzierung abhängig ist. Dieses Bündnis könnte sich jedoch als sehr problematisch erweisen, wenn sich die politische Lage ändert. Neue negative Kampagnen gegen die Sozial- und Geisteswissenschaften, die von heimtückischen Internet-Trollen angeheizt werden und in der allgemeinen Presse ihren Widerhall finden, sind nicht undenkbar.

Obwohl es viele Gründe gibt, die Zukunft der Lokalsoziologie pessimistisch zu sehen, lassen zwei Elemente einen gewissen Optimismus zu. Einerseits führte das bedeutende Wachstum, das in den 1990er-Jahren begann und sich in den 2000er-Jahren weiter entwickelte, zu einer deutlichen Verankerung der Disziplin innerhalb und außerhalb der akademischen Institutionen (wenn auch ohne die exklusiven Zuständigkeiten, die traditionellere Beratungsberufe haben). Andererseits scheinen die argentinischen Soziologen angesichts ihrer unruhigen und zickzackförmigen Entwicklung gut gerüstet zu sein, um die neuen Herausforderungen zu meistern: Sie verfügen über ein beträchtliches Fachwissen im Bereich „Krisenmanagement". Dies ist ein merkwürdiger Vorteil einer Geschichte, die vom Gespenst des Sisyphos heimgesucht wird.

Literatur

Beigel, Fernanda. 2013. Introduction: The politics of academic autonomy in Latin America. In *The politics of academic autonomy in Latin America*, Hrsg. Fernanda Beigel. Farnham: Ashgate.

Benzecry, Claudio, und Mariana Heredia. 2017. Sociology in Argentina. *Contemporary sociology* 46(1): 10–17.

Botelho, André. 2015. Un programa fuerte para el pensamiento social brasileño. *Prismas* 19:151–161.

Burawoy, Michael. 2005. For public sociology. *American Sociological Review* 70(1): 4–28. https://doi.org/10.1177/000312240507000102.

Celarent, Barbara [Andrew Abbott]. 2011. Review of Facundo by Domingo Faustino Sarmiento. *American Journal of Sociology* 117(2): 716–723.

———. 2013. Review of authoritarianism, fascism, and national populism by Gino Germani. *American Journal of Sociology* 119(2): 590–596.

Torres, Estebán, und Juan Pablo Gonnet. 2018. El intelectual de la cultura y la sociología en la Argentina. Un análisis a partir del caso de Horacio González. *Pilquen* 21(1): 1–13.

Vessuri, Hebe. 1990. El Sísifo sureño: las ciencias sociales en la Argentina. *Quipu* 7(2): 149–185.

The manufacturer's authorised representative in the EU is Springer Nature Customer Service Centre GmbH, Europaplatz 3, 69115 Heidelberg, Germany. If you have any concerns regarding our products, please contact ProductSafety@springernature.com

Printed and bound by CPI Group (UK) Ltd, Croydon, CR0 4YY

25/03/2026

02078182-0011